JN438724

샌프란시스코 작가 3인 에세이

새들의 둥지에는 지붕이 없다

Why the birds build nest without a roof

박찬옥

이성재

제이슨 최

수필과비평사

샌프란시스코 작가 3인 에세이
새들의 둥지에는 지붕이 없다

초판인쇄 2016년 05월 02일
초판발행 2016년 05월 10일

지은이 | 박찬옥 이성재 제이슨 최
발행인 | 서정환
주 간 | 유인실
편집장 | 한경선

펴낸곳 | 수필과비평사
주 소 | 서울시 종로구 삼일대로 32길 36 운현신화타워 305호
전 화 | 02-3675-4000 5635 063-275-4000
등 록 | 1984년 08월 17일 제28호

인쇄처 | 신아문예사
공급처 | 신아출판사
전북 전주시 완산구 공북길 16 (태평동 251-30)
전 화 | 063-275-0484 6374 063-251-3885
팩 스 | 063-274-3131
essay321@hanmail.net
shina321@chol.com

디자인 및 그림 | 박래후편집공방
raehoo@hanmail.net

ISBN 979-11-5933-025-4 03810
값 20,000원

Printed in KOREA

샌프란시스코 작가3인 에세이

새들의 둥지에는 지붕이 없다

Why the birds build nest without a roof

박찬옥 · 이성재 · 제이슨 최

CONTENTS

박찬옥
Regina Park

3

4

CONTENTS

이성재
S.J. Peter Lee, Ph.D.

1

2

3

4

CONTENTS

제이슨최
Jason Choi

1

2

책을 내면서

인터넷에 밀려 책을 읽지 않는 시대를 살아가는 우리들을 향한 고독한 목소리

인문학을 뜻하는 영어 단어 '휴머니티스Humanities' 라는 말은 '후마니타스Humanitas'라고 하는 라틴어에서 유래했다고 한다. 직역하면 '인간다움, 인간적인….'이란 뜻이다. 기원전 55세기경 로마의 철학자이자 정치가인 키케로가 처음 사용하여 오늘날까지 전해져 오고 있다.

오늘날 우리는 컴퓨터의 발달로 사이버 공간을 떠돌며 살아가고 있다. 동시에 인간과 인간 정신의 본질을 담고 있는 인문학의 경시 풍조로 휴머니즘의 상실 시대를 살아가고 있다.

지식과 지혜가 다르듯, 인류가 평화롭게 공존하려면 지식이 지혜를 앞서서는 안 된다. 나보다 어려운 이웃을 먼저 생각하는 인간적인 인간, 디시 말해 지혜로운 사람이 되려면 책을 많이 읽고, 음익을 들으며, 좋은 그림을 감상하여 보다 넓은 교양을 쌓아야 지혜로운 지식인이 되는 것이다.

문학은 각박해지기 쉬운 현대인들에게 스스로를 돌아보며 쉬어가게 해주고, 마음의 여유를 가지게 하며, 보다 높은 차원에서 사물을 보게 해 준다. 생텍쥐페리는 《어린 왕자》에서 "사람은 가슴으로서만 제대로 볼 수 있는 거야. 정말 중요한 것은 눈에는 보이지 않는 법이거든…."라고 했다. 결국 인생이란 시작이 좋은 것이 중요한 것이 아니라, 따뜻한 가슴과 끝 마무리가 좋아야 하는 것이다.

어떤 글이든지 문학이란 자신만의 체험과 느낌을 진솔한 마음으로 서로 나누는 것이다. 여기 모인 세 작가의 작품들에는 삶이 각각 다르고, 모국을 떠난 지 오래되어 한국적 정서와 지구 저편 타국에서의 그 인생, 그 삶이 한편 한편에 용해되어 있다. 삶의 의미들이 문학이라는 형식을 빌려 드러난 작품들이 한데 어우러져 독특한 인생의 향기가 배어 있다고 할 수 있다.

끝으로 이 책을 만드느라고 애써주신 《신아미디어 그룹》 서정환 회장님과 관계자 여러분들께 감사드리며, 또한 이 책을 읽을 미지의 독자들에게도 고마운 마음을 전합니다.

샌프란시스코 작가 3인
박찬옥 · 이성재 · 제이슨 최

박찬옥

Regina Park

인생이란?

정답이 없습니다.

1

다시 시작하는 기쁨으로

오랫동안 멈추었던 글쓰기를 시작하려고 마음 잡고 펜을 들었습니다.

그냥 놓기엔 아쉬움이 남아 늦은 불씨를 다시 지펴 봅니다.

내놓을 만큼 뛰어난 솜씨는 아니지만 노년에 지루함을 달래려고 어눌한 실력을 꺼내보니 조용한 생활 속에서 기쁨과 즐거움을 만날 수 있었습니다.

저는 원래 수필보다 시 쓰는 일이 더 좋았습니다.

요즘은 시는 이해하기 어렵다는 말도, 또 세월따라 감성의 상상력이 떨어지는 미흡함으로 표현할 수 없는 것들이 많아 수필로 마음을 적어 보았습니다.

글이란 남에게 잘 보이려고 쓰는 것이 아니라 자신만의 체험과 느낌을 진실한 마음으로 서로 나누고 싶은 것이라 아무런 과장없이 솔

직함과 진솔성으로 고백했으나 막상 밖으로 내어 놓으니 걱정이 앞섭니다.

누구라도 저와 같은 마음으로 읽어 준다면 그것으로 행복합니다.

특히 이번에 엮은 수필집은 샌프란시스코에 사는 세 사람의 마음이 모여 만들어 낸 것입니다. 서로 다른 차원의 작품들이 만난 것이어서 이곳에 사는 우리의 삶이 어떤 것인가 잘 나타나 보여지고 있으리라 생각합니다.

곁에서 지켜 보는 친구들과 사랑하는 사람들에게 고마움을 전하고 싶습니다.

가을 산을 품다

대자연은 하나님이 창조하신 인간에겐 가장 고귀하고 신비로운 선물이다. 하늘과 땅, 빛과 어둠, 그 안에 모든 것을 채우신 후 그의 형상대로 남자와 여자를 빚으시니 보기에 좋았더라 하심은 에덴 동산에서 아름답고 평화로운 자연과 서로 사랑하며 살라고 내려 주신 하늘의 축복이다.

그 가운데 산은 생명 있는 모든 것들을 위해 의식주를 해결하라고 주신 무한한 재산이며 행복한 삶을 누릴 수 있도록 편안한 안식처로 만들어 낸 것이다.

그런 뜻을 품고 있는 산은 거대한 몸집으로 오늘도 조용히 숨쉬며 계절 따라 다른 모습으로 변해 가면서 많은 것들을 우리에게 제공하고 있다.

봄 산은 새로운 생명을 탄생시켜 아름다운 꽃으로 장식하고 여름은 싱싱한 젊음이 푸르름으로 자랑한다. 한편 가을은 풍성한 열매를 맺기까지 인내와 고통을 이겨내는 수고를 칭찬하듯 결실의 기쁨을 안겨주는 것이다.

겨울 산의 고요함과 선함이 지친 육체를 깊은 수면으로 달래어준다. 이른 새벽을 깨우는 참새 소리에 벌떡 일어나 창문을 열고 아침을 맞는다. 먼동이 트기 전, 햇살이 언덕 넘어 어둠을 몰아내면 나도 모르게 부지런히 준비를 하고 길을 나섰다.

오늘도 가을이 무르익은 산속에 나무들은 제철인 양 울긋불긋 원색으로 갈아 입었고 작은 짐승들은 겨울을 준비하느라 분주하게 먹이를 주워 나른다.

특히 올해의 가을산은 어머니의 풍만한 가슴 같고, 살아있는 것들에게 양식을 공급하는 농가의 창고 안 곡식처럼 가득 쌓여 있다.

병풍처럼 둘러 싸인 산등성에 올라 드높은 하늘을 올려다 본다.

그분의 위대함에 감탄하면서, 오늘도 깊고 넓은 품속을 지치도록 헤맸다. 선선히 불어 오는 바람으로 땀을 씻으며 방석만 한 바위에 걸터 앉아 산을 둘러보고 이 계절이 다 가기 전에 텅 빈 가슴 안으로 힘껏 가을 산을 품에 안는다.

우리는 언제나 산이 반기는 너그러움을 잊지 못해 온 데로 다시 돌아가 묻히는 것 아니겠는가.

산마다 불타는 만삭의 몸
나무는 저렇게 처절하게 몸살 앓는다

서러움도 아니요 후회도 아닌
다만 이 가을 잡을 수 없다는 아쉬움에
검붉은 살점을 하나씩 둘씩 땅에 떨군다

찬바람에 휘말려 훌떡 벗겨질 알몸
또다시 태어날 나무의 생명 위해
무거운 침묵으로 견디는 것을

아픔도 기쁨으로 승화되는
새로운 만남과 미래의 순간
조용히 머물러 기다리는 것뿐

가을 산은 나무숲 거느리고
길 떠나는 순례자의 모습으로

사람들은 가을을 고독의 계절이요 또는 수확의 계절이라 하지만 무엇보다 가을은 위대한 자연의 깨달음을 만나는 계절이라 말하고 싶다.

떨어진 엽서

바람이 배달한 엽서 한 장
곱게 집어 마주하니
아직 새 소리 바람 소리
신선한 공기 살아있다

허나, 어차피 보낼 수밖에 없는
한 묶음의 연정
느낌도 물음도 더 이상 필요 없는
꼭 찍어 보내야 할
마침표 하나

떨어진 잎이 발에 밟힌다. 한 해를 마무리 짓고 돌아서는 푸르렀던 색을 벗고 갈잎으로 구르는 너는 낙엽, 오늘 밤은 어디에서 머무르는

지 귀뚜라미 울음 없는 머나먼 길 바람이 멈추는 곳이 고향이라던 싸늘한 달빛마저 부서진 골짜기 차가운 몸 움츠리며 낙엽은, 낙엽끼리 모여서 산다

내 후년에도 가을은 다시 온다고 스산한 바람에 들리는 가랑잎의 웃음, 시골집 마당에 널브러진 잎들은 모깃불로 희생되어 한 줌의 재로 삭아지지만. 단 한 번뿐인 생애의 그리움은 마음 깊은 곳에 품고 간다는 한마디 말

봄에 태어나 여름을 장식하고 가을을 마감하는 잎들은 자연을 벗하는 사람과 별로 다르지 않다며 절대로 후회 않는다던

떠나는 아쉬움에 낙엽들 모아 커다란 유리창에 붙여 놓았다

해마다 가을을 기다리다 서로 만나면 반가워 얼싸안고 기뻐할 것을 열고 닫을 때 예쁘게 붙어있는 잎들을 보면 내 마음도 덩달아 흐뭇하다

다시 느껴 보는 젊은 마음으로 왜 가을이란 계절은 작별을 의미한다고 말들 하는지

먼 곳에서 날아 온 엽서 한 장 바스스 몸을 떤다.

봄은 다시 오는데

들창 넘어 낮은 언덕길 따라
엷은 초록빛 타고
사뿐히 마을로 들어서나 보다

이월의 바람은 짜릿하지만 나무는
어찌 알고 가지마다 샛눈을 텄고
여린 분홍빛 꽃잎은 눈이 부시다

자연은 해마다 찾아 오건만
사람이 부쩍 초라해지는 것은
오고 가는 뜻을 모르기 때문인가

나른한 안개 산등성 덮일쯤
겨울잠에 숨쉬던 짐승들이 뛰고

햇살 빛 동산에 눈이 트면
살아있는 생명은 꿈틀거린다
거리엔 왁자지껄 여인의 음성
봄날을 타고
양지바른 문턱을 넘어 온다

벌써 봄이 찾아 왔다. 2월의 첫날이 들어서자 마자, 벚나무 가지마다 핏빛 몽오리를 물었고 자목련 꽃잎이 수줍은 눈을 텄다.

얼굴에 스치는 부드러운 바람도 겨울을 잘 이겨낸듯 나른한 봄기운을 몰고 왔다. 이렇게 봄은 찬란한 몸짓으로 생명을 놀라게 하고 게으른 잠에서 흔들어 깨운다.

물 밑에서 겨울잠에 취했던 개구리도 얼음 속을 튀어나오고 누우런 황토빛 언덕바지에 새파란 융단으로 단장한 창가를 바라보며 오늘은 이른 아침부터 부지런을 떨었다. 점점 굳어져 가는 몸을 위해 온몸 운동을 하고 으레 노년에 찾아오는 무릎 관절에 좋다는 걷기 운동을 하며, 매일 아침 친구들과 동네 산을 헤집고 다니는 계절의 봄날은 마냥 싱그럽기만 하다.

그러나 3월에 접어드니 아침 저녁으로 춥고 쌀쌀한 날씨가 심술을 부린다. 아마도 꽃샘 추위가 오려는지 며칠 동안 봄비가 내렸다. 멈추었던 산책을 다시 시작하고 찾은 꽃나무들은 그처럼 만개하던 꽃잎들을 흙 마당에 하얀 꽃잎으로 덮어놓았다. 다시 볼 수 없는 꽃들의 아쉬움이란…, 그래도 나무는 가지마다 빨갛고 파란 잎들을 내밀며 놀라움을 기다리고 있었던 것이다.

저절로 입밖으로 튀어 나온 반가움의 환성, 하여튼 자연은 어찌 알고 그렇게 계절에게 잘 순응하는지 조물주의 위대하신 솜씨를 칭찬하지 않을 수 없었다. 봄은 이렇듯 사람들의 마음을 기쁘게 하고 감동시키는 신비스런 비밀을 품고 있는 계절이다.

꽃잎이 눈처럼 내리는 벚나무 길을 걸으며 친구와 만끽하는 봄날을 몇 번이나 더 만날지 모르지만 해마다 오는 봄은 내 눈에 더 새롭게 보여질 것이고, 더욱 새로운 삶을 위해 살아가는 원동력이 되어지기를 바랄 뿐이다. 이런 모든 것을 누릴 수 있는 인간으로 태어남을 감사하며 기뻐하는 마음으로 살아야 한다.

햇살이 비치는 곳마다 꽃은 피어나고 봄은 세상 구석구석마다 찾아 올 것이다. 향기로운 봄 기운이 건강한 삶을 추구하는 이들에게 꿈을 전할 수 있을 때까지 삶에 활기찬 사람들은 아쉬움의 봄을 돌아 보게 될 것이다.

장미꽃 진 자리에 사랑이 피다

오월 꽃밭에 불 붙는 소리
줄기 돋은 가시는 당신의 고통이여

다시 피어보는 사랑임을
꽃이여 너는 알리
불 같은 심장으로 타는 아픔을

꽃 지고 떠난 자리 ,
찬비에 젖은 산머루인 양
사랑의 눈망울 꽃씨 하나.

5월은 장미의 계절이다. 꽃 중의 여왕 장미꽃이 피어나면 온 동네가 향기에 취하고, 떨어지는 꽃잎의 아쉬움을 유리 쟁반 물 안에 띄워 놓고 꽃을 키운다.

장미의 꽃말은 "당신을 사랑합니다." 줄기의 가시는 아픔과 고통의 흔적이며, 찬란한 한 송이의 꽃을 탄생 시킬 수 있었음은 당신을 위한 사랑 때문이었다고 말하는 것 같다.

성당에서는 묵주신공을 바친다. 묵주는 알알이 장미꽃이 새겨져 있고, 한 줄에 열 송이가 달려 있다. 성모 마리아께서 아드님이 십자가에 달리신 고통과 신비 환희의 뜻을 생각하시고, 간절하게 바치시던 소원의 기도문이다.

신도들은 한알 한알 굴리며 예수님의 고통을 생각하면서 정성스럽게 기도한다.

어머니는 자식을 위해 무엇이든 할 수 있고 보살펴 주시기에, 간절히 고하면 어여삐 여기시어 꼭 이루어 주신다는 약속의 믿음인 것이다.

집 안으로 들어 오는 문 양쪽에 장미꽃 나무를 서너 그루 심었다. 아침 저녁으로 물을 주며 가꾸었더니, 꽃 몽우리가 자라 아기 얼굴만하게 피어났다. 아무도 흉내 낼 수 없는 고운 색깔과 은은한 향기는 마음을 취하게 하고 온유하고 아름다운 자태는 보는 이마다 황홀함을 느끼게 한다.

긴긴 여름 동안 그칠 줄 모르고 피어나다가, 찬비가 내린 후엔 찬란했던 꽃잎이 모두 떨어지면 눈망울처럼 예쁜 사랑의 열매가 송이 송이마다 달려 있었다. 다른 꽃나무들은 여러 알의 씨앗을 품고 있지만, 장미꽃은 하나의 열매만 맺는다. 한 송이의 꽃을 피우고 사랑의 열매를 맺기까지 얼마나 많은 고통과 인내를 숨겨 왔을까.

겨울이 오기 전에 가지를 바싹 잘라 다듬고 따뜻한 볏짚 옷으로 감싸 주면 겨우내 참고 뿌리를 지키다가, 다음해 5월이면 몸에서 가시와 새잎이 돋아나 또 다시 꽃을 피워 내는 것을 오랫동안 지켜보면서 장미꽃이 피어나는 이유를 알게 되었고 5월을 기다리는 기쁨을 갖게 된 것이다.

한 송이 장미꽃을 누구에게 바칠까? 정열적이고 헌신적인 사랑은 꽃말이 주는 뜻만은 아닌 것이다. 사계절을 통해 봄에 피는 철쭉, 진달래, 가을을 반기는 국화나 코스모스 등 이름 모를 수 많은 꽃들이 우리 곁에 피어 있다. 이런 꽃들은 남을 위해 기쁨과 사랑을 나눠 주려고 자신을 희생하며 피어나다가, 어느 날 한 묶음의 꽃다발로 싹둑 목이 잘려 나갈 때도 있으니 꽃들 말고 누가 자기 생명을 송두리째 내놓을 수 있을까.

예쁘게 피어난 꽃들을 사랑하고 가꾸는 일은 또한 자기의 마음에 기쁨을 누리기 위해서다. 고운 자태를 뽐내며 서로 다른 향기를 품어 내는 꽃들을 보면 사람도 꽃 같은 향기로 남을 위해 희생하고 싶은 마음이 생겨난다.

때가 되어 꽃잎이 다 떨어진다 해도 아름다운 사랑의 마음은 사라지지 않을 것이기에.

창밖의 두 나무

몹쓸 바람이 불어와 나무는 추위를 이기려고 눈을 부릅뜨고 몸을 흔든다.

눈에 보이지도 않는 바람은 어린잎들을 마구 때렸다. 손톱만 한 잎들이 부둥켜 안고 서로 몸 비비며 떨고 있는 아픔을 나는 무심히 지켜 보았다. 가지 많은 나무에 바람 잘날 없다지만 우람스러운 나무는 무성한 나무가지에 잎들을 하늘 가득 메우고, 찬바람 그치면 태양의 불볕도 그치게 한다.

5층 빌딩 만큼 높고 풍성하게 자라 침실방 유리창에 드리워져 무더운 여름 태양과 얼음장인 싸늘한 겨울 바람 막아주고, 작은 새들의 안식처로 생명을 품어주는 어머니의 마음을 담은 나무들에게 더욱 따뜻함을 느낀다.

하늘 가득 펼치고 칠월의 뙤약볕을 감싸주는 풍성한 느티나무 속

바람과 뭇 새들…, 꽃들과 나비와 마주 앉아 책을 읽으며 한여름 오후를 즐기는 이 행복을 무엇과 바꿀 수 있을까. 이 아름다운 날의 느낌을 맛본다.

어제는 밤새도록 불어닥친 거센 바람에 나무는 뜬눈으로 밤을 지새웠다. 다시는 오지 말라고 부탁해 보지만. 그대로 멈춰 준다면 가을이 오기 전에 한 개의 잎도 건드리지 못할 것이다. 나는 매일마다 열고 닫는 창문 너머 아침 햇살과 눈을 맞추며 하루를 시작한다

오래전 고향 마을 노인들의 놀이터가 되어 주던 느티나무는 유리창 앞을 지켜 서 있고 거실 창문 곁에는 엄청 키가 높은 소나무들이 한 폭의 동양화처럼 줄지어 서 있다.

응접실 창가에서 짙은 송홧가루 냄새가 난다. 노랗게 피어 오른 꽃가루가 지붕 위를 가득 덮었다. 올 가을도 어린아이 머리통만 한 솔방울들이 줄줄이 달려있고, 오르락 내리락 재주를 부리며 겨울을 준비하는 바쁜 다람쥐들의 모습을 볼 수 있겠다. 하늘을 치솟아 곧게 서 있는 소나무들은 옛 정승들의 높은 충성심을 본받아 사계절 변함없이 푸르름을 자랑한다.

천년의 나무들은 넘어 가는 햇살을 가지 사이에 걸치고 웅장한 팔을 힘껏 벌리고 있다. 그 앞을 지날 때마다 걸음을 멈추고 힘껏 안겨보지만 나무는 끔쩍 않고 내려다보고만 있다.

캘리포니아의 샌프란시스코 지역 태평양 연안인 패시피카에 살던 세월은, 낮은 언덕 넘어로 노을이 지는 바다만 내다보며 살아온 세

월이있었다. 지금은 마음껏 뛰어다니는 한 마리의 사슴이 되어, 자유롭게 이산 저산을 돌며 조물주가 내리신 계절의 섭리를 감탄하며, 가진 것 아낌없이 내어주는 교훈을 깨닫고 삶의 고마움을 느끼며 그런 산을 더욱 사랑하게 된 것이다.

나무에게 고마움을 표현하는 글은 서로 다르지만 나는 키 큰 나무를 보면 아버지가 간절히 생각난다. 곁에서 지켜보시던 나의 일상은 언제나 행복한 마음으로 가득하게 한다.

키가 큰 나무 앞에 서면
으레 한발 물러서서
목을 젖히고 높다란 가지 끝
올려다본다

다람쥐같이 기어올라가
동네마을 내려다보면
세상이 한눈에 보이고
우주가 발밑에 있을 게다

항상 키가 큰 나무가 부럽다
높은 바람 소리 귀에 걸고
맑은 새 울음 묻어나는

가지에 걸린 구름
손에 잡힐 것 같다

훤칠하게 키 큰 나무를 보면
가만히 몸 기대고 싶다
어린 날 아버지 팔목에
매어달리듯 온몸 기대던
마음 든든한 키가 큰 나무

내 곁에 있는 소나무와 느티나무, 이 두 그루 나무는 천년의 수명을 더 누리며 이 산을 지켜줄 수 있기를 간절히 소망해 본다.

체리와 앵두

우리가 살고 있는 캘리포니아주는 미국에서 가장 살기 좋은 곳으로 손꼽힌다. 기후도 적당하고 땅의 질도 좋아 야채나 과일 등 여러 가지 농산물을 생산할 수 있는 풍부한 조건을 갖추고 있는 고장이라해도 과언이 아니다. 많은 종류의 농사를 지어 이웃들에게 식량을 공급하는 기쁨을 주는 행복의 땅인 것이다.

이곳의 5월과 6월은 체리의 계절이다. 빨강빛보다는 더 강한 자줏빛을 띤 단단하고 윤기가 흐르는 달콤한 체리는 작은 눈깔 사탕 크기라 아기 입처럼 조그만 입안으로도 쏙 들어간다. 체리의 달콤함은 입안 벽과 혀를 즐겁게 만들어 주는 아주 작은 과일 중에 하나다. 입안에서 혀를 돌려 씨를 뱉어 내면, 한두 파운드 정도는 눈 깜빡할 사이에 먹게 된다.

요즘은 체리로 술도 담그고, 잼도 만들며 주스로도 만들어져 다양

한 맛으로 가공되어 많은 사람들에게 먹는 기쁨을 주고 있다. 커다란 뒤뜰 안에 레몬이나 오렌지, 복숭아나무를 심어놓고 심심치 않게 따 먹는 재미로 가꾸고 있지만 체리나무를 키우는 집은 흔치 않다.

체리는 캘리포니아에서 가장 많이 생산하고 있다. 한 시간 정도만 가면 체리 과수원을 만날 수 있다. 포도 농장처럼 넓은 밭에서 수확이 가능한 체리밭에 빽빽히 줄지어 서 있는 체리나무는 사과나무나 배나무처럼 자그마한 키에 앙증맞게 알알이 어깨동무하듯 까만 씨알을 입에 문 채 여물고 있다.

체리와 앵두는 분명히 사촌이다. 이곳에서 앵두는 구경할 수 없지만, 그 맛은 비슷하여 서로 같다. 나라마다 흙의 질이 다르고 기후나 바람, 햇볕의 방향이 다르다 보니 조금은 차이가 있는 듯하지만….

어릴 때 자란 열두대문집 뒷마당 넓은 뒤뜰 안 언덕 위에는 두 그

루의 앵두나무가 우리들의 간식으로 자라고 있었다. 형용할 수 없을 만큼 맑고 밝은 색을 띤 앵두는 아기 볼처럼 진분홍 알로 하룻밤을 자고 나면 익어버리곤 했다.

그래서 누구나 아침 일찍 일어나 먼저 살피고 따 먹는 사람이 임자였다. 아이들이 많았으니 한 쟁반 수북이 따다 놓고 나누어 먹는 재미가 쏠쏠하였다. 지금도 생각하면 새콤하고 달달한 맛이 입안 가득 침을 고이게 한다.

내가 어렸을 때는 조그만 마을에도 이집 저집 뜰 안에 앵두나무가 심어져 있었다. 두레박으로 물을 떠먹던 시절, 앵두가 발갛게 익을 무렵이면 동네 처녀들이 우물 가에 모여 이야기꽃을 피웠고 옛 방앗간은 남녀가 만나는 사랑의 아지트였다.

지금은 비닐 하우스 안에서 기르거나 수입해서 들어오는 과일들이 너무 많아 앵두가 무엇인지 모르는 한국사람도 있을 것이다.

올해는 체리로 잼을 만들어 보기로 했다. 꼭지와 씨를 빼고 은은한 불에 두 시간 정도 끓여 내어 식히면 올가닉 기호품이 된다. 앵두 또한 재료는 다르지만 앵두 잼도 훨씬 부드러울 것이다. 입맛이 변하여 옛날을 흉내낼 수는 없겠지만, 추억으로 남아있는 그때 생각이 뭉클하게 솟아난다. 나만의 즐거움이 오롯이 담겨 있다.

역사적으로 내려오는 앵두는 이조시대 때부터라는 전설을 들은 적이 있다. 특히 세종대왕께서 무척이나 좋아하시던 과일이 앵두였다고 한다. 세자인 아들은 앵두나무를 궁 안 여기저기에 심고 손수 과일을 따서 아버지께 정성껏 갖다 드려 보기 드문 효자라는 소문도 있었다고 한다. 그만큼 앵두는 궁 안에 사는 모든 이에게 인기 있는 과일이었나 보다.

앵두나무의 꽃은 수명이 짧아 열매가 열린 후 이삼 일이 지나면 분홍빛으로 변하여 달콤하고 예쁜 색깔을 띤다. 손톱 만한 크기로 임금님 입맛의 기쁨을 드리던 즐거움의 과일이었다. 아직도 앵두나무가 궁 안에 남아 있어 볼 수 있다면 다음 여행 땐 꼭 앵두나무를 찾아보고 싶다.

거울 속의 그림자

하루의 일과가 시작되기 전 사람들은 아침 일찍 일어나는 즉시 거울 앞에 앉아 자기를 본다. 밤새 흐트러진 몸매를 추스르고 헝클어진 머리를 가다듬는 것은 인간이 기본적으로 하는 생활 모습이다. 남자와 여자, 어린아이에서 어른까지 모두가 자기의 모습을 거울에 비춰보는 것은 본인도 만족하고 상대방에게 잘 보여질 수 있도록 겉모양을 가꾸는 일이다. 거울은 이름도 성격도 생김새도 모두 서로 다른 사람들의 얼굴을 비춰 주며 또 하나의 나와 똑같은 내가 서 있다.

오른쪽 팔과 다리를 들면 거울은 왼쪽 팔다리를 들고 있는 것이 다를 뿐, 살아있는 모든 것은 얼굴의 표정이나 행동만 보아도 사람의 마음을 느낌으로 짐작할 수 있다. 그렇지만 겉모습만 보여주는 거울은 내 안에 무엇이 들어 있는지 모른다. 한 어린아이가 자라 노인이 될 때까지 거울은 거짓 없이 매일매일의 모습을 보여주며 나와 똑같이 늙어 가고 있는 것이다. 일그러진 표정이나 화난 얼굴, 무서운 몸짓은 그대로 보이기에 거울을 보며 올바른 모습으로 다듬게 된다.

사람들은 일 인치도 안 되는 두 눈을 가지고 세상 모든 것을 다 볼 수 있다. 하지만 사람의 마음은 눈으로 볼 수 없다. 나이가 들면 눈도 침침하고 귀도 잘 듣지 못하고 거울 속의 나도 잘 보이지 않으므로 맑고 고운 음성과 환한 웃음이 타인에게 잘 전달된다면 그 또한 아름다운 거울을 보듯 기쁘고 만족스럽다. 거울에 나타나지 않는 속마음은 자기를 따라다니는 그림자인 것이다. 사람의 마음을 비춰보는 엑스레이 거울이 있다면 하고 생각해 보았다.

남을 용서치 않는 사람 나를 용서 못하고
기쁨 주지 못한 사람 자기도 기쁨 누릴 수 없으니

주는 것 싫어하면 아무것도 얻을 수 없다는데
이런 것 알면서도 행하지 못함은
욕심이 마음을 누르고 있기 때문이다

눈에 보이는 것은 세상일
밖에서 찾을 수 있는것은
하나의 진실뿐인데
이런 진실 잃어버리면

사람이 아닐진대
사람 아닌 나 어디서 찾을까

진정한 깨달음으로 자신을 발견할 때
안과 밖은 하나가 되고

거울 앞에 서서 겉모습만 치장할 것이 아니라 서로의 가슴 안에 품고 있는 자신들을 볼 수 있는 그런 거울이 있다면 사람들 모두가 갖고 싶을 것이다.

그리움은 돌아갈 자리가 없다

싱그러운 초록빛이 큰 소리로 웃어대는 오월의 창가에서 언덕 너머로 달려오는 그리움의 얼굴을 만난다. 걸어온 발자욱은 보이지 않지만 출렁이던 긴 머리 소녀가 하얗게 바래버린 세월을 안고 오니 야속할 만큼 빠르게 다가오는 시간의 흐름을 느낀다.

지난 세월은 온데간데없이 사라졌어도 가슴 안에 지우지 못할 추억들은 그리움으로 다가와 손을 잡는다. 시간과 추억과 그리움은 서로 떠날 수 없는 인연이다. 지나간 것이기에 더 생각나고, 보고 싶고 더욱 그리워하는 것은 사람만이 할 수 있기에 사람은 추억을 먹고 산다는 말도 있다.

시는 마음을 위로하는 가장 큰 무기이다

추억은 햇살로 다가와

가슴에 내려앉는다

잊으려 해도 잊히지 않고
맴돌다 가는 그리움

눈 감은 아픔 사랑으로 그려내는
영원한 무언의 기도

가슴에서 헤어진 자락들 모아
슬픈 하늘에 던지고 싶어

구겨진 세월 탓하지 않고
다시 그려 보는 사랑의 향수

추억이란 억지로 만든다고 되는 것이 아니라 시간이 지나도 잊히지 않는 것이 추억이다. 그리고 추억은 그리워지면 그리움이 되는 것이다. 숱한 사연들을 담아 온 추억들은 쌓이고 쌓여 그리움을 이룬다. 그리움이란 지나간 것들을 생각하며 상상으로 그려보는 것뿐이다. 다시는 그 자리에 돌아갈 수 없다는 것을 알면서도….

몸도 마음도 지금이 아닌 철없던 소녀시절과 젊음의 아름다운 날들이 아른아른 눈에 비치고 마음 안에서 지울 수 없는 수많은 일들

이 아직도 작은 가슴에 차곡차곡 산처럼 쌓여 있다. 조용한 시간에 하나씩 둘씩 꺼내어 보는 소중한 추억들은 삶을 뒤돌아보는 행복하고 즐거운 나만의 그리움으로 피어난다. 추억이 쌓이고 쌓여 터지면 그리움이 되는 것이다. 그리움이 없다면 그 사람의 인생은 아무런 가치가 없는 것과 같다. 그리움이란 오랜 시간이 지난 후에 찾아 오는 것으로 다시 돌아갈 자리는 없지만 돌아볼 수는 있는 것이다.

안개가 희미하게 창가에 드리운 날 따끈한 한잔의 차를 마시며 지나간 사진들을 들춰 본다. 그 많은 날들이 하나도 잊지 않고 젊은 모습의 기억으로 고스란히 남아 있다. 오늘은 내일과 또다른 모습으로 변해 갈 것이기에 지금 이 순간이 중요한 것이다. 세상에 태어나서 살아가는 한 사람의 생애엔 묻어둔 항아리의 묵은지가 익어가듯 상큼한 냄새가 담겨져 있다. 첫돌날의 갓난아기 얼굴, 이민 올 때 두 아이들과 함께 찍힌 영주권 사진이 가장 오래된 소중함을 말해 준다. 그 후의 사진들이 모여 열다섯 권이 넘었다.

그것들은 모두 지난날들의 내 모습이며 아이들에게 남겨질 생전 부모의 기억들을 더듬는 그리움으로 남게 될 것이다. 한 사람의 역사가 그때로 다시 돌아갈 수 없다는 것을 남은 한 장의 사진이 말해 주고 있다.

끝머리 고향여행

여행은 걸어다닐 수 있는 힘이 있을 때 하는 것이다. 허약한 몸으로 떠난다면 여행이 아니라 고생길의 시작이다. 언제 또 고향을 찾을 수 있을지 몰라 올 가을엔 꼭 한국을 가기로 마음 먹었다.

집안의 형제들도 태어날 땐 순서가 있었지만, 돌아갈 때는 나이와 상관없이 순서가 없다. 여덟이나 되는 형제 자매가 뿔뿔이 헤어져 살아온지가 수십 년이 되었다. 두분의 언니는 연세가 많은 탓에 한국에 남아계셨고 다섯 형제만이 미국에 올 수 있는 조건이 되어 이민을 왔다. 그후에 생각해 보니 형제가 모두 모인 것은 어린시절 부모 밑에서 자랄 때 뿐이었다. 이젠 네 분이나 돌아가셨으니 남은 형제들을 만날 수 있는 날이 얼마나 될까 싶어 보고 싶은 마음을 행동으로 옮겨 보려는 것이다.

떠나 온지 사십여 년이 가까워진다. 해마다 찾아간 고국, 고향을 서른 세 번이나 다녀왔다는 기록이 항공사의 서류에 남아 있다. 그러나 이번 기회는 특별한 여행이다. 늘 바쁘다 보니 짧은 여정은 언제나 아쉬웠다. '저 왔습니다, 그리고 이제 돌아갑니다.' 하는 인사만 남겼던 것이다.

형제 중 세 살 차이로, 어렸을 때는 서로 으르렁거리기도 했지만, 지금은 누구보다 걱정하고 더 사이가 좋아진 오빠와 단둘이 떠나기로 약속했다 호화스러운 여행보다 즐겁고 아름답던 추억들이 되살아날 수 있는 여행을 꿈꿔 본다. 젊은 시절로 돌아가 등에 배낭을 메고 발길 닿는 대로 시골길 어디든 찾아가 맛있는 신토불이도 먹고, 사람 많지 않은 산 좋고 물 좋은 곳을 다니는 김삿갓이 되어 대한민국 전국을 돌아보는 것으로 계획을 세웠다.

아직 누구와도 해 보지 못했던 일들을 처음 가져보는 신나는 고향길이다.

조상의 묘도 돌아 보고 못내 그리웠던 언니의 기억을 더듬어 웃고 계실 사진이라도 찾아 보며 생존해 계신 큰언니를 위로하는 일이다. 동부에 살고 있는 오빠는 허리 수술 후 건강을 더욱 챙겨서 기어서라도 꼭 갈 것이라는 다짐을 전해 왔다. 나 또한 점점 나이들어 가는 몸을 위해 아침 일찍 일어나 매일 온몸 체조와 수영, 걷기 운동을 하고 있다. 모두가 이번 여행을 위해 더욱 열심히 준비하는 중이다.

한국의 9월 10월은 가을의 시작이다. 올해의 9월 27일은 마침 추석이고 보니 신선한 과일도 제사상에 올리고 풍성한 가을 음식을 맛볼 수 있는 좋은 시기이다. 계절이 심술을 부리지 않는 한 평생의 멋진 시간을 갖게 될 것이라는 생각에 가슴이 설렌다. 고향은 언제나 어머니처럼 그립고 정다운 곳이다. 부모님이 계시고 우리가 자라났고, 철없던 동무들과 즐겁게 뛰어놀던 곳이기에 더욱 그립고 가고 싶은 곳인지도 모른다.

오늘은 유월의 첫날, 벌써 여름이 찾아왔다. 금년에 한 가지 불편한 것은 메르스라는 전염병으로 많은 사람들이 생명을 잃었고 온 국민의 생활이 힘들어 걱정이 많다는 것이다. 아직 삼 개월이나 남아있는데 벌써부터 마음이 들떠 한국 뉴스를 지켜 보는 시간이 부쩍 늘었다.

누구에게나 희망과 꿈을 갖는다는 것은 살아있음을 말함이다. 내 몸과 마음이 하나되어 움직일 수 있을 때 인간의 삶이 행복하지 않겠는가.

육체는 비록 늙었으나 마음과생각은 영원히 멈추지 않기를

말은 겸손하게 향기로운 꽃처럼

남자와 여자는 성년이 되면 꼭 결혼을 해야 한다는 것이 법으로 정해져 있지 않지만, 한 가정의 울타리 안에서는 꼭 해야 할 의무는 있다.

옛날 풍습에 열 살도 안 된 어린 남자 아이와 나이 든 처녀가 결혼하여 신랑을 등에 업고 달래가며 남편을 키운 시대도 있었으나, 그런 혼례는 남녀가 서로 사랑해서가 아니라 가문의 대를 위해 미리 준비하던 과정이었다.

그 후 언젠가부터 남자가 세 살에서 다섯 살 나이 적은 여자를 선호하기 시작했다. 여자의 성숙함이 남자보다 빠르기 때문이다. 하나 요즘엔 누구나는 아니지만 옛 시대로 다시 돌아가듯, 노처녀가 자기보다 어린 남자와 결혼하는 것이 새로운 트렌드로 자리잡아 아무런 흠이 되지 않는다 하고, 사랑엔 나이도 국경도 점점 사라져간다.

누나 같은 여자를 좋아하는 것은 엄마처럼 아껴주고 돌보아 주기에 마음이 편해서라 한다. 부인을 누나라고 부르는 남편들이 많아진 세상이다. 젊은 남녀가 연애하면서 부른던 오빠가 계속 남편을 오빠라고 부르는 소리는 흔히 들어 왔다. 원래 오빠라는 호칭은 형제 자매 중 나보다 먼저 태어난 남자를 오빠라 하고 윗사람은 누님, 밑에 여동생은 누이라 부르는 것이 맞다. 만약 오빠의 친구를 불러야 할 경우 그의 이름 뒤에 OO오빠라고 부르면 되는 것이다. 단어의 뜻도 모르고 오빠란 단어를 남용하는것은 언어의 모독이 된다.

물론 '여보' '당신'이야 노티 난다고 하지만, 익숙해지면 사랑스럽고 다정한 말이다. 가장 가까운 부부만이 부를 수 있는 존경의 단어인 것이다. 결혼 후에도 남편을 친구로 생각하고 '얘, 재' 하면서 반말로 싸우는 예의 없는 젊은 부부들의 모습이 보이는 요즈음 텔레비전의 연속극이나 쇼 프로그램을 많이 시청하게 된다. 방송은 많은 사람들이 보고 배우는 교과서 같은 중요한 역할을 하는 말의 본보기이기에 방송 매체의 영향이 없다고도 할 수 없다.

원래 방송은 표준어를 사용해야 하는 것은 물론이려니와 국민 모두가 잘 알아듣도록 정확한 억양과 발음으로 해야 하는 것이 기본이다. 즉 글이나 언어는 그 나라의 민족성과 고유성을 나타내는 것이어서 국민으로서의 자존심을 지켜야 하는 것이다. 먼 나라에서 오랜 세월을 살아온 우리 동포들은 조국의 말과 언어를 잊지 않으려고 우리의 문학을 사랑하는 마음으로 글을 쓰고 한국말로 서로 대화를 나누는 사람들이 많이 있다.

중고등학교 시절 특별활동 시간이 있었다. 아나운서 선생님의 맑은 목소리는 너무도 곱고 명랑하여 듣는 우리들은 모두 취해버린 적이 있었다.

전화로 대화할 때도 존댓말을 쓰셨고 언제나 고운 말씨로 이야기하시는 모습만 보아도 참 즐거웠다. 그후로 여학생들은 말의 예의범절에 대해 공손하고 겸손함을 배우게 되었다. 결국 몸도 마음도 언어도 일치되어야 이루어 낼 수 있다는 것이다.

요즈음 젊은 사람들이 긴 단어를 줄여 앞 글자만 따서 만들어 쓰는 준말은 자기들만 통하는 은어다. 무엇을 말하는 뜻인지 또래의 아이들도 못 알아 듣는다고 한다. 바쁜 세상이라고 말도 줄여야 하는가. "빨리빨리" 하지만 말이란 정확하고 바른말로 얼굴 마주하며 상대방과 대화를 나누는 것이 옳다.

그래야 서로 오해가 생기지 않고 마음 상하는 일도 적은 것이다.

요즈음 시대는 기계문명이 최첨단으로 치닫고 있지만, 전화나 컴퓨터는 간단하게 메시지를 전하는 수단에 불과하다. 로보트와 같이 따뜻한 가슴이 없다. 사람의 입에서 나오는 말이란 총이나 칼은 아니지만 상대방의 마음을 찌르는 무기가 될 수도 있기 때문이다.

여기저기 널려있는 언어들 불러 모아

그중 하나 집어 들고 입가에 붙여본다

달고도 쓴맛 매웁고 짭짤한 맛
고소하고 달콤한 냄새
가시 돋고 상처 내고 아픔 주는 것은
말하기 전 생각하고 입술로 외우면서
가슴이 촉촉한 향내 나는 말들만 고른다

마음 곱고 행동 옳으면 저절로 진실한 표정
문 열고 마음 비우고 모두 던져 버리면
서로의 아름다운 선물이 된다

겸손하고 향기로운 꽃처럼

먼 시간으로의 여정

어느 해인가 무더운 여름 한국으로 여행을 떠난 적이 있었다. 그해는 유난히도 더위가 일찍 찾아와 서울의 유월 한낮은 섭씨 35도 이상을 넘나드는 불볕 더위가 내리쬐고 있었다.

지구가 생긴 후 인간이 만들어 놓은 새로운 발명으로 나라마다 서로 다른 변화를 가져오고 지구 온난화 현상으로 자연계가 파손되어, 지구는 오염으로 점점 병이 깊어 우리의 목숨까지 위협하는 심각한 상태로 빠져들고 있다는 사실을 모르는 사람은 거의 없을 것이다.

내 몸은 공기로 생기는 목 감기와 살갗이 부르트는 알레르기로 사람들이 많이 모이는 곳은 가지도 못하며 담배 연기와 에어콘, 선풍기의 바람까지도 몹시 괴롭히기 때문에 여름철을 지내기가 몹시 힘이 들었다

무서운 더위를 떨쳐 버리려고 집앞 가까이 있는 정발산을 오르기

위해 그날 아침은 일찍부터 부산을 떨며 집을 나섰다. 높다란 나뭇가지 잎새 사이로 살랑살랑 스쳐가는 바람을 겨우 잡아 땀을 씻으며 유월의 여름, 평심루 누각 위에서 경기도 고양시 마을을 한눈에 내려다본다. 서울역에서 외각을 돌아오는 교외선 기차로 달리던 의정부와 원당이 훤히 보일듯한 산마루에 오르니, 오후 햇살은 찬란하리만치 눈이 부셨다.

초록이 짙어오는 나뭇가지 위에서 까치 소리가 반긴다.

바위에 걸터앉아 간단히 싸온 샌드위치와 바나나 우유를 마시면서 지금은 엄청나게 변해버린 어린시절 언덕배기 동산을 떠올리며, 오랫동안 만날 수 없었던 옛 친구들을 잠시나마 생각해 본다.

이제는 칠십을 바라보는 아이들이 그동안 얼마나 변했을까.

또 몇 명이나 살아있을까. 아직도 어릴 적 얼굴만 떠오른다.

그중 어린 나이에 시집간 친구가 제일 보고 싶다.

모두가 떠난 고향 마을에 옛 흔적이란 찾을 수 없으나 아직은 동무들 가슴속엔 그때 그 시절, 철없이 놀던 추억만은 남아 있을 것이다.

한 달만 지나면 삼복더위가 더욱 극성을 부리는 여름이 온다,

높다란 미루나무 꼭대기에서 시원한 여름을 알리던 매미 소리, 밤이면 논두렁 밭이랑 연못가에서 쉬지 않고 목청 돋구던 개구리들의 우렁찬 열창, 칠월이 오면 지금도 그 소리를 들을 수 있을지 궁금하다.

뻐국새 소리 따라 내려 오는 험한 숲길을 헤치고 약수터를 지나니,

새로 지어 놓은 커다란 건물 뒤에 아담한 공원과 꽃밭 사이로 시원한 물줄기를 뿜어내는 분수가 보인다. 나무 의자 위에서 한가로이 낮잠 자는 젊은 부부와 곁에서 조잘거리는 아이들의 웃음소리를 뒤로 남긴 채 그늘진 높은 빌딩 숲 사이로 변해가는 오늘을 쏘아보며 어느 유럽땅으로 여행을 온 듯한 복고풍 거리를 아무 생각없이 빠져나오고 있었다.

이제 옛것은 점점 사라져가고, 내 기억 속엔 잊혀가는 것들로 가득하다.

그러나 고향은 시간이 흘러가도 여전히 내 가슴에 머물러 있다.

자목련 잎이 엷게 터지고
나즈막히 꽃 바람이 날아오는 오후
지긋이 눈 감은 얼굴 위로
아물아물 고향의 유월이 퍼지는구나

하얀 아까시 꽃잎
펄펄 날리던 뒷동산에는
가시내의 이름 부르던
그 목소리가 정겹고

절산 바위 속에 여인의 빨래 소리

산 메아리 타고 돌아오는
옛 마을에 젊은 세월
참으로 오랫동안 잊고 있었구나

황폐한 가슴의 문 열고
하늘 끝 사이로 달려오는
따스하고 부드러운
유월의 모습 닮고 싶구나

시간은 말한다. 가만히 있어도 모든 것은 가야만 한다는 것을
조용히 서 있는 나뭇가지 사이로 여름날의 오후가 걸려 있다.

장자의 도리

어느 날 큰 아들이 커다란 집을 마련하여 함께 살자고 했다. 멀리 있는 부모에게 언제 어떤 일이 일어날지 걱정되고 불안한 마음이 들어 곁에서 지켜 주는 것이 자식된 도리라는 것이었다. 혼자 지내는 내가 못 미더운 모양이다. 그러나 부모에 대한 도리를 알고 걱정하고 있다는 것에 내 마음은 고맙고 반가웠다. 여자는 일생을 통하여 세 남자를 의지하며 산다는 말이 있다. 어릴 땐 아버지요, 결혼후엔 남편 그후엔 아들을 믿고 산다는 것이다.

지금 내가 그런 기로에 서 있다. 어떤 결정을 내려야 할지 나 자신도 아직 잘 모르겠다.

의학이 고도로 발달하고 인간 생명이 100년을 살 수 있는 시대다. 나도 자신에 대해 곰곰이 생각해볼 시간이 필요한 일인 것 같다. 자식이나 남들에게 폐가 되는 일은 싫어하는 성격 탓에 조용히 사는 것도 지혜로운 방법이라 생각했었다. 힘들 때가 오면 할 수 없지만 아직은 불편을 모르기에 홀로 사는 즐거움도 내겐 중요한 일이다.

예부터 한국은 동방예의지국이란 말을 들어왔다. 그러나 지금도 도리와 예의를 갖추며 살고 있는 사람들이 얼마나 있는지 모르겠다. 부모와 자식간에 재산 다툼으로 일어나는 부도덕한 사건들이 얼마나 많은가. 돈 없는 부모는 멀리 버리고 재산의 욕심과 질투로 살인과 절도를 저지르고, 형제가 서로 다투다가 재판까지 가는 무섭고 끔찍한 일들이 요즘 많이 일어나고 있다.
반면에 3대 4대가 한 집에 모여 행복하고 만족한 대가족을 이루고 사는 집도 많다는 뿌듯한 얘기도 들었다.

거의 모든 서양쪽 나라에서는 대학생이 되면 학교 기숙사에서 지내다 취직 후엔 가까운 곳에서 생활하고 결혼하면 곧바로 자기들의 보금자리를 꾸민다고 한다. 이곳 생활이 몸에 익숙한 아들과 나는 아무 생각 없이 오랜 세월을 각자의 집에서 떨어져 살았다. 이제 아들도 한 가정의 가장이 되었으니 혼자 지내는 내가 안타까운 마음에서 보호하고 싶은 마음이 들었던 것이다.

나의 두 아들은 유치원 문턱도 모를 때 부모를 따라 이곳에 왔다.

여기서 자라고 대학을 졸업하여 성인이 된 아들은 완전히 서양 사람이 되었는데, 그가 내게 제의한 것은 꼭 해야 할 일인 것 같은 책임감 때문이기에 어떻게 대답할 것인가를 고민해야 했던 것이다.

큰아들이 고등학교를 졸업하던 해, 군에 입대 시킨 것은 남자는 군대를 다녀 오면 보다 성숙한 사람이 되고 사회생활 하는 데 많은 혜택을 받을 수도 있다는 것을 알고 있었기 때문이다. 미국에서 살아가려면 나라를 위해 무엇을 봉사했는지가 매우 중요한 일이 되는 것이다.

미국 군대는 의무제가 아닌 지원제다. 삼 개월의 혹독한 훈련을 받고 졸업하던 날 우리 가족은 축하하기 위해 훈련소를 찾았다. 토실토실 하던 몸집이 바짝 마른 꼬챙이로 변한 아들을 보고 나는 한참 동안 가슴이 아팠다. 까만 얼굴의 감독이 무섭고 지독하다는 것을 그때야 알았다. 그후 7년이란 긴 세월을 한국에서 군복무를 마치고 돌아왔다. 그는 그동안 한국의 정서와 풍습을 배우고 익혀왔던 것이다. 말로 가르치고 책으로 배우는 것만이 중요한 게 아니라 직접 보고 몸으로 느끼는 체험이 자기 생활에 도움이 된다는 것을 알게 된 것이다. 아들아 네가 준 착한 마음이 내겐 큰 위로가 되었으니 고맙고 행복할 따름이다.

부모는 아이들을 사랑으로 물 주고
아이는 부모에게 순종하며 공경하는 일

자식은 부모를 닮은 하나의 분신
하늘의 인연으로 맺어진 끄나풀

끊어도 또 끊겨도 떨어지지 않는
누구라도 갈라 놓을 수 없는 하늘의 연분

부모와 자식의 관계는 돈과 재물을 서로 주고받는 것이 아니라 진정한 마음으로 걱정하고 아끼는 사랑으로만 이룰 수 있는 행복이다. 효자란 하늘이 내리는 복 받은 자만이 누릴 수 있는 것이라 믿는다.

백만장자의 꿈

꿈은 누구나 꾸어 볼 수 있다. 꿈을 꾸었으나 그것이 이루어질지 안 이루어질 지는 아무도 모른다. 사람마다 각자의 꿈이 서로 다르기 때문이다 그중 백만장자가 되는 꿈은 모든 이에게 한결같은 희망사항일 뿐이다. 이룰 수 있는 꿈은 목표를 달성하기 위해 가슴 안에 단단히 묶어놓고 열심히 노력하면 성공할 수 있다고 생각한다. 그러나 백만장자나 억만장자가 되는 꿈은 그리 만만히 생각해선 절대로 안 될 것 같다. 수십만을 가질 수 있는 부자는 사람이 만들 수 있지만, 백만이나 억만의 부자는 하늘이 내려주지 않으면 절대로 가질 수 없다는 것이 역사가 증명하는 전설이다. 미국에는 백만장자 부자들이 많이 산다. 그중 한 분이 쓴 책을 읽은 적이 있었다. 나도 부자가 되고 싶은 마음이 흥미롭게 다가왔다.

요약하면 세 종류의 부자가 있는데, 첫째는 부모로부터 물려받은 재산이 많은 사람이요. 둘째는 백만장자와 결혼을하여 부자가 된 사람이요. 셋째는 자신이 재산을 모아 부자가 된 사람을 백만장자라고 부른다고 한다. 첫째와 둘째는 내게 상관없는 것이 되었고, 셋째를 생각해 볼 수 있지만 지금으로서는 그것마저 포기할 수밖에 없었다. 나이가 드니 별로 돈이 필요 없다는 것을 깨달은 것이다.

작가는 친구의 사돈 되는 사람인데 결혼한 외아들지만 집 한 채만 주었다고 한다. 어떤 부자는 한국을 살 수 있을 만큼 큰 부자이고 어떤 이는 어마어마한 집에 전기 철조망을 두르고 치한을 막는 사람도 있고 또 다른 부자는 각 나라마다에 좋은 별장을 마련하여 그곳을 돌아다니며 휴가를 즐기는 사람도 있다고 했다.

작은 사업을 하고 있을 때 복권을 판매한 적이 있었다. 그날의 당첨자가 없으면 상금액이 점점 커지는 것은 물론이다.

많은 사람들이 서로 부자가 되고 싶어 의식주를 줄이고 여기저기서 복권을 사들인 것이 결국 미국에 작은 부자들을 많이 만들어 냈다. 그렇지만 그후 그들의 삶에서 그 부가 가져다 준 결과의 통계로는 어마어마한 상금을 제대로 쓰거나 갖고 있는 사람이 별로 없다는 것이다. 대부분의 사람들은 그 돈을 모두 탕진하였고, 심지어 은행빚까지 진 사람도 있었다, 하루아침에 아무런 대가도 치르지 않고 쉽게 생긴 돈 때문에 온 가족이 뿔뿔이 헤어져 살아가는가 하면 형제끼리 서로 많은 재산을 차지하려고 법정까지 몰고가는 소동이 벌어지기도 했다. 결국 쉽게 들어온 돈은 쉽게 써 버린다는 것임을 보여

준다.

부자도 좋지만 돈에 대한 욕망은 끝이 없다. 돈이란 살았을 때 쓰지 않으면 아무 소용이 없다. 사람이 죽을 때 가지고 갈 것은 입은 옷 한 벌뿐이다. 그래서 수의엔 주머니가 없다. 재물 욕심을 부리다 줄줄이 잡혀가는 사람들도 있고, 젊었을 때 쉬지 않고 열심히 일해 돈은 모았으나 건강을 잃은 사람이 수없이 많고 병들어 죽어가는 순간까지 자신을 버리고 마음을 열지 못하는 사람들도 많다.

생전에 친정아버님께서 내게 하신 말씀은 동대문 시장 물건들은 다 네 것이 아닌 것이니 꼭 필요한 것만 사는 것이 생활의 지혜라고 일러주셨다. 나는 부자의 꿈도 꾸지 않았지만 내게는 먼 나라의 동화처럼 들린 것이다.

그렇지만 돈이란 무엇일까? 생각해 본 적은 있었다.

이것만 있으면 부자이지만 이것 없으면 거지입니다
언제부터인가 돈이 생겨난 후 세상 사는 모든 사람들
몸과 생명바쳐 피땀 흘리며 서로 속이고 죽이면서도
이것을 좋아하고 사랑합니다

태어나면서 죽는 날까지
열심히 배우며 일하는 것도
결국은 돈을 벌기 위해서죠

살아가는 데 필요한 그 무엇도
가질 수도 살 수도 있기 때문입니다

돈만 있으면 배부르다니
길 가에 떨어진 돈 개도 안 물어 간다는데
우리는 돈 벌기 위해 일생 바치며 살고 있습니다

일할 때 쓰는 하얀 장갑 하루만 끼면 찌든 때가 되니
돈이 이렇게 더러운 줄은 예전에 이미 알고 있었기에
부자가 되고픈 꿈은 아예 내 몫이 아니라고 버렸습니다

이 넓은 세상에 살고 있는 사람 중에 부자가 몇이나 될까

돈은 욕심에서 나온다. 욕심이 잉태한즉 죄를 낳고 죄가 장성한즉 사망을 낳느니라고한 성경 구절은 하나님께서 우리에게 주는 커다란 교훈이다.

마지막 집이길

월넛크릭 산속에 노인들이 모여 산다는 라스몰이란 이름으로 불리는 동네로 집을 옮긴 지 두어 달째 접어들었다.

에덴 동산이 따로 있나 조물주가 주신 자연 속에서 행복하게 생활하고 있다는 반가운 마음이 들떠 친구 따라 강남으로 옮긴 것이다.

이름 모를 꽃들과 나무 숲 사이로 사슴의 무리와 야생 칠면조들이 떼를 지어 자동차 길을 자기 길처럼 넘나들고, 이집 저집 지붕 위로 물오리 떼가 시끄럽게 날아다니며 다람쥐들은 쉬지 않고 줄타기를 하는 게 이 동네 풍경이다.

산뜻한 바람과 햇살을 맞으며 남은 세월 조용히 살고 있는 지금이, 어느 때보다 즐겁고 편안한 시간이어서 행복하다.

처음 미국에 왔을 땐 크고 넓은 집에서 아이들을 키웠고, 그후 바다가 내려다보이는 언덕 위 하얀 집에서 비둘기처럼 살았으나 이제 아이 둘이 부모 곁을 떠난 후, 편안하고 아늑한 곳을 찾아 복잡한 생활을 정리한 다음 필요없는 것들 모두 버리고 나니 살림이 간단해져서 아주 편했다. 천당에 가지고 가지 못할 물건들은 모두 정리하고 욕심 없이 남은 시간을 알뜰하게 마무리 지을 수 있을 것 같아 마음이 매우 흡족하다.

노후의 생활을 즐길 수 있는 이곳은 캘리포니아 주 안에서도 노인들이 살기에 기후가 적당하고 물과 공기가 맑고 아름다운 경치로 손꼽이는 마을이다.

이곳엔 6,000세대가 거처할 수 있는 집들과 거의 9,000명이나 수용할 수 있는, 정년퇴직한 노인들에게 알맞게 꾸며진 살기 좋은 장소로 소문난 곳이다.

서로 다른 얼굴을 가진 지구 위의 다양한 민족들이 한데 어울려 살아가는 이 동네에는 여러 종류의 소일거리를 갖춘 노인들의 놀이터가 많이 준비되어 있다.

골프장이 두 개나 있고 수영장이 세 곳, 주중엔 영화도 보여 주며 이따금 커다란 홀에서 뮤직 콘서트도 열리는 등 백여 가지가 넘는 특별활동반이 있어 취향대로 즐길 수 있는 프로그램을 갖추고 있는 것이다.

지금은 한국분들이 거의 150여 명 가까이 모여 살기에 어디에서나 쉽게 만날 수 있으며 한인회가 형성되어 일 년에 두 번 모임을 갖기도 한다. 여름은 큰 나무 그늘 밑에서 불고기 파티로 피크닉을 하며, 12월이 되면 모두 함께 즐기는 연말 크리스마스 파티가 열린다. 이런 날 만큼은 한국말로 웃고 떠들며 마음껏 노래하는 초등학교 학예회나 잔칫날 같은 분위기다. 산과 들로 소풍 나온 아이들처럼 즐거워하는 웃음소리가 환하게 온 계곡에 울려 퍼진다.

이곳으로 온 후, 새로운 얼굴과 고향의 정취도 물씬 풍기는 그리움도 만난다.

서로 어울려 옛 이야기와 맛있는 점심을 나누어 먹기도 하고 몰려다니며 즐겁게 쇼핑도 한다. 우리의 생활은 매일 바쁘게 지내는 것이 취미가 되었다. 아침 일찍 일어나 나이에 맞는 적당한 운동으로 시작해서 언덕길 걸어 내려오다 한 잔의 커피를 마시며 이야기꽃을 피우기도 한다. 서로의 건강과 안부가 걱정되고 세상에서 일어나는 사건들 또는 KBS를 통한 한국소식 등 가정에서 일어나는 일상적인 대화와 아이들의 이야기 등 그칠 줄 모른다

짧은 시간을 쪼개 나누는 대화는 외로움을 떨치게 하고 치매 예방에도 크게 도움이 된다고 한다. 축복 받은 나라에서 또 이렇게 아름다운 동산에서 어울려 사는 우리들은 스스로의 삶에 크게 만족해하며 살고 있다. 한 가족의 형제들끼리 재산 다툼을 하고, 돈 때문에 친구들이 서로 배반하고 죽임을 당하는 세상의 일들을 지켜보면서 사람의 도리를 벗어나 점점 진실을 숨기고 인간의 도의에 어긋나는 가 싫어 안타까운 마음이 들 때는, 사람들이 너무 오래 살고 있지나

않은가? 하는 괴로운 생각이 들 때도 있다. 하지만, 이곳은 세상의 근심과 걱정이 멀리 있는 별천지 속에서 사는 기분이 들 때가 많다.

늦은 저녁 산책하다 새 친구들과 만났다

어느 날 공원서 마추친 얼굴
식사를 즐기던 청노루 가족
불청객 대하는 눈빛으로
빠꼼히 날 쳐다본다

물 오리 떼 나무 위로 올라
편한 잠자리 준비하느라
모두가 바쁜 저녁 하늘에
노을은 서서히 사슴의 눈망울
속으로 내려 잠긴다

산 너머로 지는 해는 하늘을 붉은 빛으로 물들이고 서서히 어둠이 마을로 내려앉으면, 하나 둘 불빛이 켜지고 숲 속은 조용히 잠들어 가고 있었다.

머물던 자리

기쁨과 슬픔과 행복 속에서 우리는 변한다. 흘러가는 세월은 아무도 막을 수 없으나 생명 있는 모든 것은 변해가기 마련이다. 우리 모두는 지나간 시간 속에 어떤 모습, 또는 어떤 무엇으로 남겨져 있을까. 서로를 기억하고 헤어짐이 안타까워 그리운 마음으로 가득할까. 아무 생각 없이 섭섭하게 떠나온 그때가 지금은 몹시도 궁금하고 아쉬워진다.

어느 날 우연히 여고시절 친구를 이곳에서 만날 수 있었던 것은 오랜 세월이 지났어도 우리들의 기억 속엔 단발머리 옛 모습과 여린 우정이 남아 있어 한순간에 그 시절로 돌아가 쉽게 알아볼 수 있었던 것이었다. 그동안 서로의 소식은 없었으나, 유명인이거나 부자가 되었어도 만나면 허물없이 못다 한 이야기를 주고받으며 현실의 애환과 자식들 걱정으로 서로 위로하고 웃으며 즐거운 시간을 보내는 장년기에 접어든 것이다.

그러나 이곳에서 만난 사람들과의 대화는 좀 어색하리만큼 궁색하다. 서로 가까이하기에 불편한 점도 없지 않다. 오랜 세월 각자의 길을 걸어온 사람들을 만나다 보면, 하루아침에 마음이 맞을 수는 없기에 가끔은 언짢은 일로 얼굴을 붉히는 일도 있기 마련이다. 서로 존경의 마음과 예의를 갖출 때에만 좋은 이웃이 될 수 있기 때문이다. 때로는 상대방에게 어떤 상처를 주는지 생각할 필요가 있다. 우선 나와 내 자신이 먼저 화해하고 난 후 많은 시간이 지나면 용서는 저절로 이루어진다.

나이가 들면 몸도 마음도 약해져 서러움도 눈물도 많아지는 것이 노인이다. 지금까지 살아온 생활의 방식을 누가 시킨다고 바꾸는 것이 쉽겠는가. 상대에게 좋은 말로, 위로하고 도와줄 때 그와의 관계는 오랫동안 유지될 수 있다. 그것이 좋은 친구를 만들고 유지하는 비결이다.

서로 다른 환경에서 살다가, 옛날에 호화롭고 자랑스럽던 자리를 내세워 남을 쉽게 여기는 사람은 아무도 좋아하지 않는다. 그동안에 세월을 살아온 우리들은 같이 늙어가는 처지에 지난 세월이 누구에게 자랑이 될 수 없고 또 아무 소용도 가치도 없는 것이다.

우리의 젊은 시절은 지나갔다. 그리고 늙어가는 중이다. 과거는 다만 나를 튼튼하게 지켜왔을 뿐, 앞으로 남은 생은 부끄럽지 않은 자신을 위해 살아가는 길만이 내 인생의 좋은 열매를 맺는 것이다. 언

젠가 때가 이르면 모든 것을 잘 마무리 짓고 떠나야 한다. 남을 칭찬해도 짧은 세월에 험담을 하고 산다면 그것은 사람의 도리가 아닐 것이다.

어느 날 자신을 돌아보며 깊은 사색에 잠겨 본다

내가 머물던 자리엔 무엇이 남을까
꽃은 만발할 때 가장 좋은 향기 나고
새는 외로울 때 더욱 아름다운 소리 내네

해묵은 고목이 평안함 주듯
모든 자연은 스스로 뜻 이루나
사람은 탐욕과 성냄으로 악취만 풍기네

아무 흔적 없이 사라질 몸
머물던 자리엔 이름조차 부끄럽네

그동안 곁에서 지켜본 친구들과 아쉬움의 정을 남기고 아이들에게 어머니란 존재와 모습은 부디 좋은 의미로 남아 있으면 좋겠다. 머물다간 자리가 헛되지 않기를

어느 날 한 장의 엽서가 날아왔다. 당신과 함께한 한 해가 즐거웠

고 행복했습니다. 당신이 나의 지인이었기에 참 고맙웠고 당신께 안부를 물으며 감사를 전합니다

샌디를 만나다

샌프란시스코 비행장에서 뉴욕 케네디 공항까지 6시간 나는 여행길에 올랐다. 창가에 자리 잡은 작은 창문을 통해 나즈막히 떠 가는 비행기는 어미 젖소를 닮은 땅 덩어리 위로 소음없이 날고 있다. 구름 사이로 언듯언듯 보이는 산과 들, 바둑판처럼 짜여진 밭두렁 논두렁들이 한눈에 들어 온다.
성냥갑 같은 빌딩 사이로 줄지어 지나가는 차들이 개미처럼 기어 가고 곱게 빗어 넘긴 여인의 가르마 같은 산길은 꼬불꼬불 손금처럼 이어져 있다.

처음 가는 길도 아닌데, 마음은 잔뜩 들떠 있다. 어찌 되었든 여행이란 새로운 것에 눈을 뜨게 하고 지루했던 일상에서 풀려나와 남은 생을 살아가는 데 재충전이 필요한 친구이기도 하다.

어렸을 땐 여덟이나 되는 형제들이 아버님이 마련한 넓고 커다란 대궐 같은 집에서 마음껏 뛰놀며 행복하게 자랐다. 그후 모두 장성하여 자신의 길을 가게 되어 서로 헤어져 살았으나 나이의 순서 없이 떠나는 형제들이 늘어가기에 살아있을 때 만나야 한다는 아쉬움과 아직 몸이 움직일 수 있을 때 만나서 형제의 정을 나누어야 한다는 것이 늘 내가 원하는 것이다. 여행이란 다리가 떨릴 때 하는 것이 아니라 가슴이 떨릴 때 하는 것이란 말도 있다.

저렴한 비행기 표를 구입하다 보니 새벽 5시에 공항에 도착하였고 마중 나온 오빠 내외는 자다 말고 달려 나온듯 보였다. 밖은 아직도 가로등이 훤하고 고속도로는 한산하였다.

미국에서 가장 아름다운 가을산 경치는 동부쪽이 그야말로 최고였다.
40년 만에 처음 만나는 제일 멋진 10월의 단풍 놀이다. 남은 사형제가 모여 세븐 호수라고 불리우는 곳으로 향하는 프리웨이 양쪽 산길은 그야말로 환성이 터질 만큼 화려한 모습을 하고 있었다. 가끔 쉬어가는 언덕에서 바라보는 시내 전경은 바다 위를 가르고 들어가는 맨해튼과 부르클린이라 불리우는 두 개의 다리가 승전을 끝내고 의기 양양하게 돌아오는 장군처럼 우뚝 버티고 서 있었다.

두어 시간을 달린 후, 쉽게 찾은 일곱 개의 호수들은 모두 한동네에 모여 있었다. 산들을 에워싸고 서로 다른 모양으로 이루어진 호수들은 한결같이 가을 산을 물 안에 품었고 호숫물 안의 또 다른 가을은 움직임 없이 조용히 거울처럼 비추고 있었다. 우거진 갈대 밭 속에 가을을 온몸으로 사르며 소풍 나온 아이들처럼 즐거운 점심을 먹으면서 옛 이야기에 해가 지는 줄도 몰랐다.

이틀이 지나자 일기가 바뀌어 스산한 바람이 점점 세차게 불어와 나무가 뒤흔들리고 밤새껏 폭풍이 휘몰아치는 며칠이 계속 되었다. 밤이면 무서운 생각이 들어 이불을 뒤집어쓰고 창 너머로 흔들리는 허리케인 광경을 훔쳐보았다. 한번도 경험해보지 못했던 허리케인이

어떤 것인지 마음속으론 몹시 궁금했지만 막상 눈으로 보니 중고등학교 때 〈폭풍의 언덕〉이란 영화를 보는 것 같은 느낌이 들었다. 며칠동안 전력이 끊어져 내장고 안의 음식들은 모두 상했는데 거기다가 모든 상점들까지 문을 닫아서 불편이 이만저만이 아니었다.

길거리는 홍수로 인해 집들과 차들이 쓸려 가고 다리도 막혔으며, 주유소도 순번제로 번갈아 문을 열었는데 가는 곳마다 경찰관들이 지키고 있는 모습이 전시와 다를바 없었다. 샌디라고 불리우는 얌전한 여자의 이름을 가진 허리케인이 미국의 심장인 워싱턴을 거쳐 부자들이 산다는 롱비치와 훌러싱, 뉴저지로 달려와 모두 아수라장을 만들어 놓은 것이다.

며칠 후, 뉴스와 TV 보도는 더욱 처참한 장면들을 보여주었다. 지구에 온난화 현상이 자주 일어나고 있지만 아무리 현대 문명이 최고로 발달한 시대라 할지라도 자연현상은 막을 수 없는가 싶었다. 세계첨단의 과학기술을 자랑하는 미국의 기상 관측도 별수 없는듯 보였다. 모든 시민들은 지시대로 동요없이 잘 따라주었다. 정부는 700억 달러의 재산 피해를 발표하였고 CNN 방송은 200억이나 더 많은 피해를 알렸다.

날이 맑아지고 평상시 모습으로 돌아오자 우리는 다시 워싱턴으로 향했다. 5시간을 달리는 95번 국도 산 위에는 커다란 몸집으로 가로누워 뿌리가 하늘을 향한 나무들이 온 산을 뒤덮고 있는 것이 아닌가? 얼마나 커다란 전쟁이었나를 보여주는 참혹한 장면이었다.

짐을 풀고 며칠 동안 워싱턴 시내를 구경하며 돌았다. 태극기가 날리는 한국 대사관과 각 나라 대사들이 모여있는 빌딩을 지나 한산한 백악관과 앨링톤 묘지를 방문하는 등 일주일의 시간을 보내고 다시 뉴욕으로 돌아오는 길은 쾌청한 날씨로 햇볕은 다시 빛났고 언제 무슨 일들이 일어났었느냐는 듯 허리케인 샌디 때문에 죽은 사람만 불쌍하다는 생각이 들었다.

어느새 3주 여행이 끝나 간다. 내일 모레면 다시 서부로 돌아갈 것이다.

간밤엔 흰눈이 밤새껏 내렸다. 자동차 위에는 하얀 이불처럼 눈이 덮혔고 장독 위에도 버섯 모양의 눈이 쌓였다. 겨울의 눈은 우리 동네에선 볼 수 없는 동부 쪽에만 있는 진풍경이다. 얼른 밖으로 나가 조그만 눈사람을 만들어 사진도 찍어 놓았다. 동심으로 돌아가고 싶은 마음은 여전히 살아있었다.

동부의 기후는 한국의 계절과 같아 꽃들의 빛깔도 선명하고 아름다운 경치가 사람의 눈을 홀리는 최고의 풍경을 만들어 내는 고장이라 해도 과언이 아니다. 3주를 머무는 동안에 너무 엄청난 것들을 다 볼 수 있었다니, 이번 여행은 불행인가 행복인가? 저물어 가는 올 한해를 마감하는 시간은 참 짧기만 했다. 2012년도 샌디라는 허리케인은 미국과 자연의 거대한 싸움이었다는 생각이 들었다.

어느 소녀의 기도

이제는 차마 돌이킬 수 없는 나의 생애
탓하지 않는 바람이게 하소서

언제인가 멈추어질 나의 시간
웃음지며 돌아앉는 바위이게 하소서

살아있는 동안 묵은 죄 씻어내는
밤마다 흐르는 강물이게 하소서

때가 되면 부끄러운 세월 앞에
추억도 버리고 떠날 한 송이
피어나는 꽃이게 하소서

한평생 살아도 이루지 못할 조촐한 기도가 마음을 위로하는 노래되어 아름다운 자연으로 돌아가는 길입니다.

때때로 나는 왜 시를 쓰는가 묻기도 합니다.

깨끗하고 진실한 나를 찾고 싶어섭니다.

키가 한 치 자라면 마음도 한 줌 크고, 거울 앞에 서성거리면 점점 작아지는 초라한 모습에 흔들어 깨우는 나의 언어들, 곱게 다듬어 새 옷을 입힙니다.

마음에 개켜 둔 이야기들 아주 짧게 한 조각 떼어주는 일, 착하고 아름다운 시인이 되는 것은 글을 쓰면 마음도 편안해지기 때문입니다.

인간이 아니면 자연을 내 멋대로 표현할 수 없지요. 사람이 멋스러운 것은 세상 모든 것 사랑하며 함께 사는 일입니다.

사람으로 태어나지 않았더라면 한 줌 바람이었을까, 바위였을까, 또는 강물일 수도 있고 한 송이 꽃이 되었을지도 모릅니다.

가장 순수한 것 하나만이라도 되고 싶은 바람입니다.

인생의 봄날은

계절은 지나가면 다시 돌아오지만 사람은 가고 나면 돌아오지 못한다며 인간으로 태어날 수밖에 없는 우리는 살아가는 동안은 마음껏 누리며 신나고 폼나게 살고 싶은 욕심을 버릴 수가 없다.

누구나 황홀하고 찬란하고 행복하게 살다 죽는 것이 가장 멋진 인생이요, 보람있는 삶이라고 생각하기 때문이다.

사람에게도 계절이 있다. 봄은 젊음이요 여름은 중년이요 가을은 장년이다. 겨울은 노년을 뜻함인데 조용히 인생을 마감할 수 있는 정리의 시기인 것이다.

봄이란 내일이요 희망이다. 젊음을 누릴 수 있는 정열과 용기가 솟는 계절이 봄이라지만, 봄은 행복을 기다리는 사람에게만 찾아 온다고 한다. 사람들은 봄이 올 때쯤이면 창문을 열고 봄의 냄새를 맡으며 봄을 기다린다.

이렇듯 봄은 사람들에게 기쁨과 희망을주고 소망을 이룰 수 있는 꿈을 갖게 하는 계절이요. 또 봄이란 햇빛이 내리는 곳에는 어디에나 꽃이 피어나게 한다.

자연의 봄은 어김없이 찾아와 동백꽃도 피우고 개나리, 진달래도 피운다.

꽃만 피워주는것이 아니라 사람의 마음도 피어나게 하는 것이다. 꽃을 좋아하는 이는 착하고 아름다운 사람이다. 꽃이 누군가를 해롭게 하는 것을 보았는가? 사랑으로 품어 주고 평화로운 마음으로 기쁨을 나눠주는 꽃같은 사람도 있다. 그런 봄은 젊은이에게만 오는것이 아니라 노인에게도 찾아 온다.

아직 마음속에 봄이 온 것을 느껴보지 못한 이에게도 언제 오려나 기다려진다. 봄 오는 길목에서 길게 팔을 뻗으면 행여 손끝에라도 스쳐 지나가지 않을까 하는 어린 소녀 같은 동심으로 돌아가보는 꿈은 어떨까.

봄은 연분홍 종이 안에 꽃이 피고
싱싱한 푸른 싹이 돋아 나오고

향긋한 냄새 피어 오른다
봄 하늘은 파란 종이 속에 노래가 있고
맑은 새 울음 흘러 나오고
실바람 소리 숨어있다

봄날은 하얀 종이 안에 희망이 젖고
행복이 설레며
누구나 아름다운 사랑에 취한다

자연의 봄처럼 사람의 봄도 이렇게 아름답게 피어 나지 않는가.

앞으로 새로운 봄을 몇 번이나 다시 만날 수 있을까 하는, 나이 든 사람에게도 소망은 있다. 봄이란 사람들을 꿈꾸게 하며, 인간의 삶을 춤추게 만드는 계절인 것임은 분명하다.

지금 지구는 몹시 아프다

2015년 4월 지구는 아주 커다란 사건을 터트렸다. 중국 시민들을 무서움에 떨게 하더니 그 아픔이 다 아물기도 전에 네팔이란 나라에 4,000여 명의 희생자를 낸 후 연이어 100여 차례의 작고 큰 지진이 계속 일어나고 있어 그곳 국민들은 그들의 생명을 보호하기 위해 정든 고장을 버리고 떠날 수밖에 없는 처지에 놓여 있다고 한다.

가난했던 사람들에게 재산이 얼마나 있으랴만, 몸만 빠져 나와 생명을 건질 수 있다는 것만으로도 다행으로 여기며 추위와 배고픔에 떨고있다. 지구촌 사람들에게 구호를 요청하며 많은 나라로부터 도움을 받고 있는 것이 이 시대의 가난과 고통에 시달리며 어렵게 살아가는 사람들의 모습이다.

지구의 나이가 얼마인지는 모르지만 종종 일어나는 아픔을 보아 온 터라 이제는 점점 약해져 가는 지구의 건강을 짐작할 수 있을 것 같다.

자연의 변화로 세상이 가끔 다투기도 하지만, 점점 늘어나는 지구촌의 인구, 수십억이 넘는 사람의 머릿수와 새로운 집과 자동차들을 볼 때마다 지구는 얼마나 무거워할까, 포화상태가 되면 견디다 못해 언제인가는 터지지 않을까 하는 걱정은 먼 거리를 다녀올 때마다 느끼는 일이다.

나라가 크면 땅도 넓게 마련이다. 미국에서 일어나는 엄청난 사건들은 주마다 다른 현상이 일어나고 있다. 일 년에 오는 비의 양만큼 하루에 쏟아졌다는 조지아 주의 물난리나, 자동차 유리가 깨지도록 우박이 내리고 강한 회오리바람이 쇳덩어리로 된 기차를 날려 보냈다는 펜실바니아의 뉴스를 들으며 항상 지진 공포에 두려움을 느끼며 살아가는 캘리포니아의 주민들은 어떻게 대비해야 할지 엄두를 못내고 있다.

캘리포니아 주는 특히 올해는 비가 오지 않아 가뭄으로 많은 고생을 하고 있다. 이곳은 땅이 비옥한 지역이 많아 농산물의 산지이기도 하나 야채와 풍성한 열매를 맺는 과일나무들이 오랜 가뭄으로 타들어가서 애타게 비가 오기를 기다리고 있는 중이다. 좀 더 시간이 지나면 주민들의 식수까지 걱정을 해야 할 것이라고 한다.

어느 한편에서는 이러저런 걱정 없이 편안하게 사는 사람도 있겠지만 언제 어디에서 무슨 일이 일어날지 모르는 이 지구 속 206여 나라, 어느 곳엔들 평화로움이 있겠는가. 이제 지구의 몸은 여기저기에서 일어나는 전쟁과 살인, 자연의 파괴를 견디지 못해 위험한 위기로 점점 쇠약해지고 있다. 그 속에서 살아가는 우리들은 어떻게 지구를 살려야내야 할까 머리를 맞대고 의논하지 않으면 안 되는 상황에 이른 것이다. 매일 아침 세상에서 일어나는 뉴스를 볼 때마다 세상이 이렇게 변해가면 우리 아이들의 세대에는 지구가 어찌 될 것인지 걱정이 앞선다.

하지만 앞으로 머지 않아 로켓을 쏘아올려 달나라도 정복하고, 우주선을 타고 우주를 여행할 수 있는 기회가 곧 다가온다고도 한다. 그뿐 아니라 땅 위의 탄산가스를 줄일 수 있는 무인 자동차도 개발되어 몇 년 후엔 도로 위를 운행할 수 있도록 구글에서 실험을 끝냈다는 소식도 들려 오고 있다. 지구 위의 강대국들은 서로 경쟁하며 국력을 앞세워 힘겨루기에 바쁘다.

미국과 일본이 가까워지고 러시아와 중국이 힘을 합치면 대한민국은 어느 줄에 서야 하는지 모르겠다. 더욱 국력을 키워 비록 국토의 면적은 작지만 강한 나라로 도약해야 하는 것만이 살아 남을 길이 아닌가 싶다. 지구도 아픔이 조금은 가라앉고 늘어나는 질병과 오물을 덜어낼 수 있도록 온 인류가 힘을 모아야 할 때가 아닌가 싶다.

지구는 지금 몹시 아프단다
우주에서 떨어져 나온 후 가장 큰 고통을 겪고 있다
사람들이 내가 너무 좋아서 새 옷을 입히고

단장을 해 놓고 자기네 장난감으로 놀고 있어
본연의 자세가 바뀌었다.

지구도 오랜 세월을 살았으니
몸도 고단하고 쇠약해져
더 이상 버티지 못할 것 같다 한다.

여기저기서 테러의 폭탄 소리
가슴이 무너지는 화산 폭발

이제는 몸도 점점 무거워
혼자는 가눌 수가 없단다.

내 안에서 사는 세상 사람들아
날 원망하지 말고 치료해 주렴
앞으로 몇 억 년은 더 살 수 있도록

지구는 이런 마음으로 외치고 있을 것이라는 생각이다.

내일 지구의 종말이 온다고 해도, 나는 오늘 한 그루의 사과나무를 심겠다고 한 어느 철학자의 말을 기억하면서….

흙의 고마움

지구가 생겨난 후 오늘날까지 흙이 인간에게 가장 큰 자원 중 하나인 까닭은 사람이 수고와 땀을 흘리면 무엇이든지 얻을 수 있기 때문이다. 또한 땅과 더불어 살아가는 것이 인간의 가장 커다란 행복의 조건으로 꼽히기 때문이다.

그 옛날과는 다르게, 땅이란 욕심과 투기를 부른다고 할 수 있겠다. 지금 세상은 돈이 많아야 부자라고 하지만, 옛날엔 넓은 땅에 커다란 집에 살고 논과 밭이 많은 사람을 부자라고 불렀다.

풍부한 자연의 흙에서 자란 야채들이 건강에 좋고 몹쓸 병에 걸렸어도 살려 낼 수 있는 것은 흙의 효능 때문이라고 한다. 흙속에서 자란 마늘, 무, 배추, 인삼은 물론 도라지, 더덕, 감자와 고구마, 양파 등 헤아릴 수 없는 수많은 종류의 야채와 곡식들이 사계절에 맞추어 흙에서 자라고 뿌리와 줄기, 잎과 열매까지 인간을 위해 온몸을 내

어주는 고마운 먹거리들…, 이들을 위해 햇빛과 비와 바람까지 내려주시는 분께 어찌 감사의 마음을 느끼지 않겠는가?

흙으로 빚어낸 온갖 그릇들…, 투박한 토기에 음식을 담아 먹던 우리들의 생활은 불과 몇 십 년 전만 해도 냉장고 대신 땅속 깊은 곳에 항아리를 묻고 음식을 저장했다. 그렇지만 오랜 시간이 지나도 그 맛은 크게 변하지 않았다.

또한 흙을 사용한 토담집과 온돌방 등 구중궁궐 왕실도 흙을 사용하여 높게 짓고 도자기, 청자기 같은 장식품까지 빚어낸 우리 조상들의 지혜와 솜씨는 누가 감히 흉내 낼 수 없을 만큼 빛나고 있다.

높은 산속에 피어 있는 꽃과 나무는 아무도 보살피지 않아도 계절마다 피고 지고 여기저기 숭숭 뚫린 조그만 구멍 속엔 두더지나 개미들이 집을 짓고 모여 살고 있다. 맨발로 흙길을 걸으면 건강한 힘을 주는 고마운 땅엔 무엇이 있길래 우리의 생명을 기르며 인간을 지배하는 것일까? 이 지구 안에 흙이 없다면 인간은 어떻게 살아올 수 있었을까?

6·25 동란 이후 아버지와 나는 일가 친척 아주머니가 주인인 넓은 동산에 곡식과 푸성귀를 심었다. 누구에게도 농사짓는 방법을 배우지 않았어도 물주고 김매고 철마다 다른 종류를 심어 놓고 열심히 가꾸었던 어린 시절의 추억을 지울 수가 없다. 수돗물도 나오지 않던 시대, 비나 눈이 내려야만 물맛을 보던 야채들을 어떻게 키웠을까 싶다.

전에 살던 집 뒷마당에다 각종 야채와 코스모스, 한련, 목단꽃, 장미나무 등을 가꾸며 하루하루의 일과를 보냈던 때도 있었다. 여러 종류의 씨앗을 심고 새싹이 나올 것을 기대하면 마음마저 설레곤 했었다. 분명 씨앗은 땅속에서 이런 소망을 꿈꾸었을 것이다.

씨앗엔 내일이 있다
포근한 흙속에 얼굴 편히 묻고
조용히 훗날을 기다린다.

꿈과 내일과 미래를 품고
황홀할 일생 기도하며
찬란한 세상을 비행하기를

하나의 씨앗이 뱃속에서 자라 한 사람이 되지 않는가
부모님은 나를 기르기 위해 흙이 되었던 것이다.

4

100세를 향하여

나날이 변해가는 지금 시대는 옛날과 다르게 복잡하고 빠르게 순환한다.

우리도 공존하고 있으니 그것과 섞여 서로 당기고 밀면서 같은 방향으로 휩쓸려 가고 있다. 그 덕에 세상이 점점 살기 좋아지고 인간의 목숨도 좀 더 길게 살 수 있다는 것이다. 그러기에 사람은 시대를 잘 타고나야 한다.

1960년쯤 그때 내 기억엔 나이 많은 사람들을 좀처럼 쉽게 만날 수 없었다. 겨우 갓 육십 고개를 넘은 노인들은 벌써 기억력과 기력이 쇠약하여 건강하고 활기찬 모습을 찾아볼 수 없었다. 그래서 60세가 되면 환갑잔치를 성대하게 베풀어 생애 마지막 생일이 될지도 모르는 날을 기념했다.

불과 사오 십 년 전에는 사십을 넘기지 못하고 단명하신 분이 많았지만, 요즘은 세계가 하나되어 서로 의학과 의술을 교환하고 연구하는 시대라 인간의 생명은 연장되고 건강은 더욱 좋아진 것이다. 물론 세상 사람들 모두가 다 오래 산다는 것은 아니다. 기네스북에 오를 만큼 장수한 사람도 있지만 90세를 넘기는 것은 보통이고 100세를 넘어, 106세가 되신 분이 텔레비전에 나오는 것도 보았다. 어쩌다 오래 사는 비결을 물으면 그분들의 대답은 거의 한결같다. 욕심을 버리고 마음을 비우며, 건강검진 자주 받고, 열심히 운동하고, 스트레스 받지 않게 마음을 편안하게 갖는 것과 술, 담배 하지 않고 음식을 적게 먹는 것, 그러면 세상이 모두 즐거워 보이고 살맛이 난다는 것이다. 결국 정신과 육체가 건강한 자들이 오래 살 수 있다는 것이다. 짧은 운명을 타고났다 할지라도 몸을 잘 챙기면 생명줄이 길어지는 것이다.

많은 사람들이 병원을 자주 찾는다. 나이와 상관 없이 몸이 조금만 아파도 달려가고 기분이 좀 나쁘다고 약을 찾는 사람들이 많은 까닭은 남보다 더 오래 살려는 욕심이 있기 때문이다.

어느 나라를 막론하고 텔레비전이나 신문 잡지에 건강에 좋다는 약 광고와 다이어트에 관한 음식조절법과 운동기구 판매 등은 날이 갈수록 그 비중이 늘어 나고 있다. 하지만 성인병이 전염병처럼 퍼져가는 노인들은 점점 건강을 위한 강박감에 사로잡혀 힘든 삶을 살아가고 있다. 혈액검사를 통한 건강 검진 후 담당 의사의 말이 가끔은 벼락이 떨어지는 것처럼 들리는 경우도 있다. 먹지 말라는 것, 하지 말라는 것, 해야 한다는 것이 그렇게 많으면 어찌 오래 살 수 있겠는가. 나이가 들면 성인병으로 죽는다. 그렇지만 튼튼한 몸을 위해 잘 먹고 잘 소화시키고 아프지 않는다면 그것이 오래 사는 비결이 아닐까. 100세 장수가 좋은 것만은 아니다. 걱정 없는 편안함이 노인들에게는 가장 큰 행복이며 세상에 태어나 살다가는 보람된 삶이 될 수도 있다.

다른 사람의 실수로 내 생명을 뺏길 수도 있고, 전쟁터에 나가면 죽을 확률은 더 높다. 반면 위험하고, 가난하고 배고픔에 시달리는 나라의 백성으로 태어난다면 생명의 안전을 보장 받기가 더욱 어려워지는 것이다.

지구 환경의 변화로 산과 바다가 뒤엉키고 화산과 지진으로 수백명의 목숨이 하루 아침에 쓸려가는 시대, 두려움으로 가득한 세상에 살고 있다는 것을 생각하면 내일은 또 어떤 일이 일어날지 걱정이 앞선다.

내가 살고 있는 이곳의 어느 70대 부부는 집과 쓰던 물건을 모두 정리하고 가고 싶은 곳을 찾아 다니며 여행하는 즐거움으로 살아간다고 한다.

물론 즐거움이 없는 생활은 삶이 얼마나 무미건조하겠는가 생각된다. 한국도 다른 나라와 마찬가지다. 1970년대의 '아들 딸 구별 말고 둘만 낳아 잘 기르자.'라든가, 그 후의 '잘 기른 딸 하나 열 아들 안 부럽다.'는 등, 산아 제한 정책 후유증으로 요즈음엔 젊은 세대 수는 얼마 되지 않는데 노인 인구는 기하급수적으로 늘어나 노인 문제가 큰 사회적 이슈가 되고 있는 것이다.

이곳은 100퍼센트가 시니어 단지다. 젊은층은 보기 힘들다. 동네가 넓어 운전을 하는 데 일단정지 사인판 앞에서도 그냥 지나치고, 누가 먼저 도착했는지 상관없이 먼저 가는 사람들도 많다. 또 마음은 아닌데 몸은 굳어 감각이 둔해진 탓에 교통법을 제대로 지키지 못하는 분들이 많은 것이다. 이것이 노인이란 증거다.

살아있다는 것은 움직임이다. 몸이 움직일 수 없을 때는 이미 죽은 것이나 다름 없다. 초라하게 100년을 사느니, 짧아도 건강하고 행복한 삶이 좋다. 우리의 생명은 하늘이 내리는 운명적인 축복이 있어야만 가능한 것이기 때문이다.

고독이라는 병

실오라기 하나 걸치지 않은 청명하고 텅 빈 하늘이다. 파란 물방울이 시원하게 눈에 들어오는 가을 하늘은 공처럼 둥글고 높다. 무덥던 긴 여름도 아침 저녁으로 불어오는 선선한 바람에게 쫓기어 물러섰다. 벌써 나무들은 가을 옷으로 갈아 입었고 깊은 밤에 쓰르라미 귀뚜라미 노래가 애틋하게 귓전을 울리고 마음이 아려 오는 것은 가을에만 들을 수 있는 구슬픈 전주곡이다.

오늘도 조용히 램프를 밝히고, 흐르는 멜로디에 마음을 가다듬고 하루의 일과를 침묵하는 지금 이 시간이 더욱 소중함을 느끼게 하는 저녁. 점점 주어진 날들이 줄어들어 죽음을 향해 더 가까이 가고 있다는 사실을 깨달으며 단정하고 꼿꼿한 나무처럼 살기를 기도하는 시간인 것을….

얼마나 많은 가을을 맞이했던가. 해마다 오는 가을은 다른 느낌

으로 다가온다. 더욱 더 고독해지는 외로움과 쓸쓸함이 멍이 들도록 가슴을 파고드는 이유는 꽃잎도 나뭇잎들도 더 빠르게 우리 곁을 떠나간다는 슬픔이 몰려와 숨 막히도록 아파오기 때문이다.

어린 사춘기시절도 지났고 젊음의 로맨틱한 세월도 거쳐 갔지만, 으레 가을이란 계절이 올 때쯤이면 어디론가 멀리 떠나고 싶고 아무도 보이지 않는 곳을 찾아 가슴 깊이 쌓인 무엇인가를 모두 토해 내고 싶은 심정이 간절해진다.

바람에 뒹구는 가랑잎이 안타깝고 해 질 녘 노을빛에 가슴이 저려오는 외로운 사람들, 이런 마음을 갖게 되는것은 인간만이 느끼는 특권이라 할 수 있다. 그래서 고독이란 즐거운 사색이고, 혼자만이 할 수 있는 깊은 상념이다. 조용히 앉아 자신을 돌아보고 생각하는 시간, 아무도 곁에서 지켜보지 않고 숨소리조차 들리지 않는 순간이란 특히 기도하는 사람 또는 글쓰는 사람에겐 절대적으로 필요한 자기만의 시간이 되는 것이다.

누구나 이때가 되면 외로움과 고독을 떨쳐버리려고 책을 읽고 조용하고 애잔한 노래로 달래보지만 머릿속은 하얗게 삭아져 간다. 고독을 즐기는 사람은 이성이 바르고 내적인 성격을 잘 다룰 줄 알아야하므로 인내심이 강한 사람이라야만 견딜 수 있을 것 같다.

이와 비슷한 외로움이란 말도 있다. 이 단어는 고독과는 차원이 다르다.

외로움은 혼자가 아닌 둘이면 벗어나기가 쉽다. 혼자이기에 쓸쓸하고 적적해서 싫다는 것. 누가 곁에 있으면 마음이 가볍고 든든한 느낌을 갖게 되기 때문에 아픔을 이겨내는 힘이 생긴다. 가을이 오면 고독은 병이 되어 살아나지만 이것 또한 가을이 주는 아픔이다. 이제 며칠만 지나면 가을도 쓸쓸히 떠나고 깊은 잠에 취하는 겨울이 온다. 가을이 남긴 한 편의 시를 적어 본다.

가을이 아프다 헛기침만 한다
모두가 외로워서 곁을 떠나려 할 때
아픔은 온몸으로 스며와
몹시도 메말랐던 날

고독을 못질하고
얼마나 지나야 덜 아플까
산다는 것이 외로움이라면
나는 자꾸 눈물이 날 것 같다.

한 점 바람에도 흔들리지 않는 꽃이 있다면
사람도 그렇게 서 있을 수 있을까
고독은 왜 가을이면 찾아 오는지

매일 조금씩 떨어져 나가는 나의

시간을 지켜 보며 따듯한 목소리로
사랑의 말을 전하고 싶어 가랑잎을
주워 가을에게 편지를 쓴다.

그동안 작은 일에도 언짢게 마음 먹었던 일, 살아서도 순간순간 죽음을 맛보는 이웃에게 한마디 위로의 말도 인색하던 나이지만 떠나는 가을에게 용서를 빌면서 더 이상 아픔을 남기지 말라고.

늙어 간다는 것은

어린 시절 세상 모든 것은 다 내 것인 것 같았다
장성한 이삼십 땐 성공한 사람 되려고 무던히 노력했고
어머니로 사십 년 누구보다 마음만은 자신 만만하고
성숙한 부자로 살았는데,
이만하면 내 인생 그런대로 한 세상 후회없는
삶이라 자부했던 육십 해,
이제 고갯길에 접어드니 몸과 마음은
여기저기 부서져 와 서서히
나를 내려놓아야 한다.

나무가 계절따라 변해 가듯
사람 또한 그러하거늘

늙어 간다는 것은 서글픈 것이 아니라
마침표를 찍고 떠나야만 한다는 것
뿐임을

인생이란 무엇인가, 어디서 왔다가 또 어디로 가는 것인가 하는 의문은 사람이면 누구나 한 번쯤 생각하기 마련이다. 그러나 이 진리는 아무도 풀어낼 수 없고 정답도 없다. 그냥 태어났기에 사는 것뿐이라 하고 어찌 인간의 생애를 그리 쉽게 생각할 수 있을까.

노래 잘하는 사람의 노래를 들으면 성악가가 되고 싶고, 그림 잘 그리는 사람 만나면 화가가 되고 싶고, 좋은 글을 읽고 나면 유명한 문학가가 되고 싶었던 욕망을 품고 살아왔다. 그러나 그런 바람을 이루기 전에 세월은 다 어디에 쓰고 무엇에 쫓기는 사람처럼 허둥지둥 살아왔을까 하는 후회와 억울함이 남는다.

하지만 지금 몸은 늙고 병들어 볼품없지만 마음은 아직도 청춘이다. 인생을 멋대로 살았으나 아직은 하고 싶은 일이 남아 그 뜻을 꼭 이루고 살려는 자신이 점점 생기는 까닭은, 한 번 태어난 인생 아주 멋들어지게 살고 싶기 때문이다.

사람은 세월이 흐르고 나이가 들면 저절로 주름이 생기기 마련이니 걱정할 일은 아닌 것이다. 그것은 어쩔 수 없는 자연의 현상이기 때문이다. 인생은 천천히 익어가는 술처럼 그윽한 향기를 품어 내는 것과 같은 것이어서 평온한 마음을 갖고 앞으로 더욱 우아하고 즐겁게 사는 방법을 찾아야 하는 것, 이것이 노년의 바람이다.

이 시대는 100살을 넘기는 것이 표준치 나이라고 한다.

아무도 인생을 연습으로 살아 볼 기회도 없었고, 또 선택된 사람으로 태어날 수도 없었으나 할 수만 있다면, 남은 시간은 알뜰하고 보람있게 마감하기를 소망하는 것이다. 꽃도 처음 입 벌린 봉오리가 가장 신선하고 예쁘듯이 사람도 젊을 때가 인생에서 제일 예쁜 시기다. 젊음은 용기도 넘치고 두려움도 망설임도 없는 인간의 완성을 꿈꾸게 하는 도전의 시절이다. 이제 젊음이 지나가고 육체적으로 나이가 늘면 큰 것 작은 것 가리지 않고 해가 바뀔 때마다 한 두가지씩 병은 더 늘어나게 마련이다. 하긴, 몸의 마디마디에서 바드득 소리 날 때까지 아직도 쓰고 있으니 새 부속품으로 갈아 끼울 때도 되었다.

매일 아침 거울을 보면 놀랄 만큼 변해가는 내 모습에 당황하기도 하려니와, 여자라는 것을 포기할 만큼 가슴이 서글프다.

자신이 보기에도 부끄러울 만하니, 남의 눈에 어떻게 보여질지 미안한 마음마저 들게 한다. 요즈음 젊은 여자들은 피부를 곱게 만드는 마사지를 하거나, 나이에 따라 몸매를 가꾸는 운동 등 열심히 하는 사람들도 많다는데, 우리가 젊었을 땐 왜 그걸 몰랐을까.

늘어나는 얼굴 주름을 막기 위해 보톡스나 필러란 주사도 맞고 원하는 대로 성형도 하고 하얗게 변하는 머리칼을 감추려고 물감을 들이는 등, 수단과 방법을 가리지 않고 단장을 하고 모양도 내 보지만 시간이 조금 지나면, 별로 볼품없어 보이는 것은 어쩔 수 없다. 겉모습은 조금이라도 바꿔 볼 수 있지만 속마음이야 어떻게 바꿀 수 있겠는가.

나이가 들수록 어린아이와 같아진다는 말을 요즘 더 실감나게 느낄 때가 많다. 나를 칭찬해주는 사람, 아끼고 챙겨 주는 마음, 진정으로 걱정해주는 이에게 한없는 고마움을 느끼며 친구가 되고 싶은 것이다. 자식들은 장성하여 멀리 떨어져 살고 그나마 곁은 휑하니 비어 있어 이제는 홀로 잘 견디어 내야 할 용기가 필요함을 느끼는 것이다.

한국에서는 요사이 이런 노래가 유행이라고 한다. "야 야 야 내 나이가 어때서 사랑하기 딱 좋은 나인데…." 노인도 사랑할 수 있는 자격이 있다는 것이다.

주름 잡힌 힘없는 손이라도 다정하게 잡고 흰 머리칼이 얼굴에 덮여도 한 걸음 두 걸음 천천히 걸어가는 노부부의 초라한 모습이 아름답게 보여지던 날, 그와 함께 오랫동안 사랑하며 살고 싶었던 꿈이 나에겐 큰 욕심이었나 싶다.

두 종류의 사람이 있다. 그냥 사는 사람과 사람처럼 사는 사람…, 그렇다면 나는 어느 종류의 사람일까.

무엇을 가지고 가나

두 아들 내외와 손녀딸 그리고 나, 식구라고는 달랑 여섯 명뿐 온 가족이 모인 3월의 끝날 토요일 아침, 하늘은 맑고 푸르며 햇살은 유난히도 빛나고 있었다, 오늘은 한마디 말도 없이 서둘러 우리 곁을 떠나간 그의 생일을 맞아 찾아 가는 날이다.

산타 크루즈 메모리얼 파크는 17번 프리웨이 꼬불꼬불 휘어진 산길을 삼사십 분 정도 걸리는 시내 가까이에 자리한 가족 묘지다. 산타 크루즈는 산과 바다가 어울리어 아이들의 놀이터로 좋고, 싱싱한 해물요리를 쉽게 먹을 수 있는 곳이어서 주말이면 관광객들이 줄지어 휴가를 즐기는 경치 좋은 곳으로 손꼽히는 장소다. 이 공원은 오육백 년이 넘도록 잘 관리하여 깨끗하고 아름답게 꾸며 놓은 곳이기에 나의 영원한 집으로 선택된 것이다.

그동안 겨울 틀 안에 갇혀 계속 변덕부리던 날씨 때문에 그를 두고 돌아온 후 한 번도 와 보지 못했다. 사십여 년을 살면서 생일날은 온 가족이 모여 즐거운 저녁 식사와 아이들의 이야기로 함께 즐기던 날이었으나 오늘 가장의 묘소를 찾으니 마음부터 찡해 온다.

어이없이 떠나보낸 날은 한 방울의 눈물도 보이지 못했지만, 하늘은 대신 슬퍼 소리 치며 장대비를 쏟아 부었다. 허둥지둥 장례를 마친 후 모두들 서둘러 산길을 내려 오는데 어느새 비와 바람은 활짝 걷히고 황홀할 만치 선명한 색깔의 커다란 무지개가 시커먼 먹구름을 에워싸고 우리 앞에 나타났다. 우리는 찬란한 무지개 속을 질러 고갯길을 내려왔다. 그것은 예의 바른 성격인 그가 참석한 분들에게 고마움을 전하는 마지막 인사였다.

평생을 착하고 건실하게 살아온 사람이었기에 천당에 도착한 것이라 믿는다며 진심 어린 위로의 말도 해주었다.

사람들은 살면서 지금이 죽음의 그 순간이라며 생각하고 살지는 않는다. 아직 먼 훗날의 일인 것처럼 누구나 부정하며 오늘을 살고 있다. 언젠가 내게도 찾아오겠지…, 그러나 죽음이란 아무도 모르게 한순간에 찾아오는 일이며 또 불행이란 예고없이 찾아올 수도 있다는 것을 가끔씩 보여주기도 한다.

사람은 태어나면 반드시 죽고, 만나면 반드시 헤어져야 한다는 당연한 진리는 먼저 떠나고 나중 가는 것이 다를 뿐, 삶을 접고 떠나야 할 때가 꼭 온다는 것이다. 그것이 자연의 순리다. 인간의 생사화복은 하늘이 주관하기에 부르시면 언제나 떠날 준비가 되어 있어야 한다. 그래서 동시에 죽음을 맞이할 수 없다면 사별은 남은 이들에게 큰 상처를 남기는 것이다. 원앙새처럼 다정하지도 못했던 부부의 아쉬움과 빛바랜 젊음의 시간을 후회하며, 보고 싶고 얘기 나누고 싶어도 마주 앉을 수 없다는 서운한 마음 때문에 씁쓸히 울고 있는 것이다. 아직은 믿기지 않지만, 살다 보면 그 마음도 점점 사라지고 세월이 가면 가끔은 잊힐 때도 있겠지만 눈에 안 보인다고 마음에도 멀어진다는 것은 진실한 사랑이 아닌 것이다.

한 줌의 흙으로 돌아간 머리맡, 언젠가 돌아갈 옆 자리…, 하늘이 맺어준 부부였음을 고마워하지 않을까 싶다. 검은 돌 진주알이 넓은 앞면에는 그의 얼굴과 이름 생년월일, 세상을 떠난 해와 달 그리고 날짜를 새겨 넣고 양쪽 옆면에는 각각 큰아들 식구와 작은아들 식구의 이름을 써 넣기로 했다. 그 다음 뒷면에는 한 편의 시를 새겨 넣었다.

사랑하던 사람들 곁을 떠나
여기 편히 쉬고 있네

향긋한 꽃, 바람
싱그러운 바다와 산이 어울려
날마다 동무하니
조금도 외롭지 않네

세상에서 잠깐 머물던 세월은
아름다운 날이었다고 말할 수 있네

이젠….
행복했던 시간들 기억하며
부활의 기쁜 날만 기다리려네

아무리 많은 것 가지고 살았더라도 막상 떠날 때는 입고 가는 옷 한 벌뿐이다. 아무 흔적도 없이 온 그대로 다시 돌아가고 싶기도 하지만, 한 사람의 시인이 남긴 마지막 글이 될 것이기에….

치매는 암처럼

나이가 들면 치매라는 병에 걸릴까 두려워하고 무서워하게 된다. 이 병은 언제 어떻게 누구에게 찾아 오는 것인지 아무도 예측할 수 없기 때문이다. 병에 접어들었을 땐 벌써 기억력을 잃은 다음이고, 방금 들은 말도 쉽게 잊어버려 감춰둔 돈 뭉치도, 귀중품도 어디에 두었는지 생각나지 않아 영영 찾아낼 수 없다는 말을 들은 지 오래다.

다시 어린아이로 되돌아가는 어른들의 병, 누구나 걸리는 병은 아니지만 남녀 불문하고 찾아 오는 병이 어찌 두렵지 아니한가? 어느 나라를 보아도 점점 늘어 가는 치매 환자들이 인간의 생명이 길어질수록 더욱 늘어나 유행병처럼 번져가고 있다는 것이다. 옛날엔 치매라는 말 뜻도 몰라 노인들에게 이상 증상이 나타나면 망령이 났다고도하고, 노망이 들었다고도 했다.

환자는 아무것도 모르기에 불편할 것이 없겠지만, 간호하는 사람이나 온 가족들은 많은 희생과 노력을 기울여야 하는 여간 불편하고 힘든 병이 아닐 수 없다. 내 부모나 형제들을 돌보는 것은 가족의 일이며 낳고 키워주신 부모님께 성심과 감사하는 마음으로 보살펴야 할 의무가 있지만, 긴 병에 효자가 없다는 옛말이 틀리지 않는다. 오랜 투병 생활이 온 가족을 지치게 만들기 때문이다.

왜 이 병은 완치될 수 없는가? 조금 전 주고받은 말은 까맣게 잊어도 그 옛날 오랜 기억 속의 친구 이름이나 좋아하던 음식이 자꾸 생각나는 것은 좌뇌와 우뇌 중 한쪽 뇌의 기억력을 담당하는 세포가 차차로 죽어간다는 것이 의사들의 연구 결과 밝혀졌다고 한다.

젊었을 때 대통령을 지내시던 분도 유명했던 판검사도 이 병을 이겨내지 못하고 결국 죽음을 맞은 것이다. 몇 십 년을 함께 살아온 남편과 아내도 자기가 낳아 길러온 자식도 몰라 보는 이 무서운 병은 시간이 갈수록 심해지면서 대소변도 못 가리는 식물 같은 존재가 된다는 것을 많이도 보았다.

집밖을 나서면 돌아오지 못하기도 하고 본인의 이름, 주소, 전화번호는 물론 자신이 무슨 행동을 하는지도 모르는 어처구니없는 불쌍한 병을 우리는 어떻게 막아야 할까….

요즈음 우리는 과학이 고도로 발달한 첨단 의학의 시대를 살아가고 있지만 아직까지 처방약이 연구 중이며 불치병이라는 것이다. 오래 진행될수록 사랑하던 가족도 떠나고, 단란했던 가정도 무너지는 무서운 병이라면 의사들만 알고 있을 것이 아니라 예방할 수 있는 방

법과 기초 지식을 일반인도 알아 두어야 하지 않겠는가? 아픈 후에 후회 말고 미리 준비해두는 것이 최선의 처방이 아닌가 싶다.

몸 안에 장기는 엑스레이를 찍으면 나타나고 몸 밖의 팔다리 얼굴 안에 눈과 코와 입은 눈으로 보아도 알 수 있지만 머릿속이 아픈 것은 의사도 쉽게 발견하지 못한다고 한다. 현대 의학으로도 완치될 수 없는 이 병은 사랑으로 평안한 마음을 주는 것뿐이라고.

정열을 쏟았다.
골 속은 하얗게 삭아지고
하나씩 둘씩 세포가 죽어가는
생각에 깊은 기억 속을
헤매는 아픔이
거짓말처럼 죽었다 살아났다 한다.
사랑이 찌그러져도 미워할 수 없는
몸의 가장 큰 부분

아무도 모르게
깊은 피부 속에서
뼈 아프게 돋아났다.

모든 진정한 삶이

활기를 앗아가는

날개 잘린 새처럼

서서히 생명을 접는다.

이렇게 바보 같은 죽음을 맞이해서는 안 될 것이다.

홀로 사는 즐거움

요즈음 세대는 혼자 사는 사람이 많다. 결혼은 꼭 해야만 하는 것이 아니기 때문이다. 짚신도 짝이 있다지만, 짝을 고르다 못 찾은 경우와 앞날의 위대한 성공을 위해 열심히 노력하다 혼기를 놓친 사람, 또 오랜 직장 생활에서 능력을 인정받아 결혼생활에서 얻을 수 있는 기쁨보다 직장을 통해 얻는 삶에 더 만족하여 결혼에 크게 의미를 두지 않고 혼자 살아가는 사람도 있을 것이다. 어느 누구에게도 얽매이지 않고 간섭받지 않는 자기만의 자유를 누리고 싶은 마음에 결혼을 포기하는 사람도 있다.

결혼은 누구나 꼭 해야 한다고 법으로 정해져 있는 것도 아니다. 다만 가정을 이루며 살아감으로써, 한 가족의 자손을 잇고 민족과 국가를 위해 국력과 인력을 키우는 중대한 일이기에 결혼을 하는 것이다. 또 다른 부모님의 걱정은 본인들이 세상을 떠난 후, 자식들을 부모처럼 보살펴 줄 사람을 바라기에 결혼이란 방법을 원할 수도 있다.

결혼이란 해도 후회하고 안 해도 후회하는 것이라면 한번 해 보는 것도 나쁘지 않다고 생각하는 사람은 늦은 나이에도 결혼을 한다. 결혼은 나이와 상관없다. 두 사람의 마음이 통하면 서로의 성격과 이해가 어울리어 장래를 약속하고 살아가면서 배우고 맞추어 살아가기 마련이다.

부부가 오랜 세월을 함께 살다가 어느 한편이 먼저 세상을 떠나도 여자는 혼자 살 수가 있다. 그러나 남자는 아내가 하던 일이 남편에겐 쉬운 일이 아니기에 불편할 수밖에 없는 것이다. 그래서 여자가 필요하므로 다시 두 번째 결혼을 하기 마련인데, 결혼 후엔 자식들과 갈등이 생겨서 가정 파탄이 일어나는 경우를 종종 보게 된다. 그렇지만 여자들은 전혀 다르다. 남편의 시중도 줄어들고 부부가 다툴 일도 없으니 몸도 마음도 만사가 태평이고 즐겁다. 여자들은 가정을 위해 힘들었고 고통스러움에서 벗어나 자기의 두 번째의 인생을 찾은듯 여유로움과 편안함을 찾을 수도 있기 때문이다.

내게도 이제야 이렇게 홀가분한 시간이 오는구나…, 하며 마음속으로 기뻐한다. 어쩔 수 없는 일이지만 누구에게나 혼자 살아야 하는 기회는 꼭 오고 만다. 결혼전 어머니는 한 남자의 부인 또 아이들의 엄마이기 전에 한 여자로서 푸른 희망과 꿈이 있었다. 살면서 피어보지 못한 꿈과 희망을 이루어 보고 싶은 마음이 되살아날 수도 있는 것이고, 그동안 해 보지 못한 일들을 정리하고 혼자 살아가는 방법을 배우는 것이다.

오랜만에 만난 친구들이 모여 한껏 이야기꽃을 피우다 남편의 저녁을 걱정하는 친구가 슬그머니 먼저 빠져 나간다. 그자리에 모인 친구들은 우스갯소리로 한끼 먹는 남편을 일식이, 두끼는 이식이, 하루 세끼를 다 바쳐야 하는 삼식이는 남편 취급도 못 받는다는 농담도 하지만 이런 고충에서 벗어난 여자들을 부러워하는 친구도 많다.

잠에서 깨어나지 못해도 늦장을 부릴 수 있는 여유로움, 바쁘게 설치지 않아도 편한한 마음으로 시간에 쫓기지 않고 하고 싶은 일에 충실할 수 있는 것은 홀로 사는 이들만이 누릴 수 있는 특권이며 자기만족이다.

원래 홀로란 단어는 단 하나뿐이란 뜻이라고 사전에 기록되어 있다. 어떤 것에도 물들지 않고 순수하고 자유로우나 부서지지 않는 것을 뜻함이다.

혼자 살아보니 고독할 때도 있지만 자기 관리가 철저해야 한다는 것을 느낀다. 더 이상 아무것도 바라지않고 무엇을 알려고 하지도 말고 더 가지려고 하지 않고 모든 욕심을 버리고 마음을 털어내면 홀로 살 수 있는 자격을 갖추고 있다고 할 수 있다. 그리고 혼자 살려면 자신만의 즐거움을 누릴 줄 알아야 삶에 정착할 수 있다.

삶의 즐거움이란 누가 대가 없이 갖다 주는 것이 아니라 내 스스로가 만들어 가야 하는 것이라 사소한 일에도 고마움과 기쁨을 누릴 줄 알아야만 한다. 홀로 사는 것이란 몸이 혼자 있다고 즐거운 것이 아니다. 마음이 편안하고 홀가분해야 즐거운 것이기에 위에서 말한 것처럼 모든 것을 다 갖추고 살기엔 참 어려운 삶이 될 수도 있는 것이다. 주위에서는 불쌍한 눈길로 보는 사람도 더러 있지만 결국 사람은 혼자 태어나 홀로 떠나가는 것이 아니던가? 인생은 막바지 앞에서 내가 설 길을 찾아 나서지 않아도 저절로 그길에 들어서고 있게 마련이다.

혼자 걸어도 외롭지 않습니다
어차피 죽음의 길은 혼자인데
고독을 벗 삼아 자유로운 목숨
이별을 연습하는 행복입니다

둘이서 부딪치는 아픔보다
가슴 안에 새기는 슬픔은
내 자신 인내하는 고독입니다

혼자 걸어도 서럽지 않습니다
새장 안에 갇힌 편안함보다
넓은 하늘 훨훨 날개 달린
자유로 살고 싶습니다

때로는 사람이 싫습니다
때로는 내가 미워집니다
사람들은 용서가 없기에
언제나 내 탓이라 생각하지만
모두들 진실을 말하지 않습니다

혼자 걸어도 외롭지 않습니다
혼자 살아도 서럽지 않습니다
온 세상 모두가 떠난다 해도
밤 하늘엔 달과 별이 다정히
늘 함께 있기에

이성재

S.J. Peter Lee

글은

세월의 갈피 사이로 흐르는

강물처럼

이 세상 모든 것

안고 가는 것 …

1

나는 너를 한눈에 알아볼 수 있었다

손에 과자봉지를 들고 가게를 나오시는 할머니는 누나에게 두 개, 나에게는 세 개의 사탕을 손에 쥐여 주었다. 그것을 본 누나는 울음을 터뜨리며 왜 성재에게는 많이 주느냐고 투정을 했다. "성재는 내가 죽은 후에 제사를 지내 줄 손자이고 너는 시집가면 출가외인이라 다른 사람 제사나 지낼 것이니까."라는 것이 할머니의 대답이었다.

설날과 추석명절까지 합하면 나는 일 년에 여섯 번의 제사를 모신다. 정성껏 제수를 마련하는 아내의 눈치를 살피고 도와주면서 미국에 살아도 조상님을 숭배해야지 하는 마음으로 부엌일을 도우려고 노력해 보았다. 오늘은 할머니 제삿날, 언제나 할머니 제삿날이 되면 나는 그 옛날 할머니의 말씀을 기억하게 되고 오늘도 더 정성을 드려 제사를 모셔야겠다는 생각에 잠긴다.

초등학교 시절, 운동회에 오셨던 할머니의 말씀이 제사상 앞에서 생각이 났다. 수백 명의 학생들이 뛰고 있는 운동장에서도 "나는 너를 한눈에 알아볼 수 있었다. 할머니 눈에는 아무도 안 보이고 너만 보이더라." 사랑은 마음과 눈을 열리게 하는 초능력을 지니고 있기에 한눈에 너를 알아보게 하는 것이라는 할머니의 뜻을 그때는 알 수가 없었지만 무릎에 앉아 점심을 먹으며 행복했던 때가 너무 오래 되었다.

사랑하면 초인간적인 능력이 생기는가 보다. 컴퓨터로 조정한 레이저 광선처럼 어머니도 수십 년 만에 찾은 자식을 한눈에 알아볼 수 있었다. 콩나물시루같이 빽빽이 들어선 지하철 안에서나 수천 명이 북적거리는 축구장에서도 나는 너를 한눈에 찾을 수 있었다는 어머니의 말씀은 천륜이며 진리였나 봐. 사랑하면 열리는 초능력이 떼를 지어 날아가는 철새 무리 속에서도 어미새는 아기새를 금세 찾는다고 하는데 하물며 인간이야 말할 것이 있겠는가!

오늘따라 할머니 모습이 눈에 아른거린다. 사탕봉지를 들고 나를 부르는 할머니의 마음이 칠십여 년이 지난 오늘에도 내 눈에 보인다. 이제, 철이 들어서인지 사랑의 초능력을 어렴풋이 느끼게 되는 것은 무엇 때문일까. 할머니가 남겨주신 가르침에 늦게나마 감사드린다.

우리는 함께 자란다

사람은 사랑받고 사랑하며 함께 살아간다. 세월이 지나 나이가 들고 자라는 것이 아니라 서로 사랑하고 사랑받음으로써 성숙해지고 크는 것이다. 사랑은 나눌수록 함께 자라고 기쁨을 가져다 준다. 그래서 사랑하는 너와 나는 함께 자란다.

너도 자라고 나도 자라면서 삶의 눈높이를 높이고 가슴을 넓혀 뜻을 모을 때 더 많은 사람, 더 넓은 세상을 품게 되는 것, 그것이 품위 있게 익어가는 아름다운 사랑이다. 품위 있게 늙어 간다는 건 아름다운 사랑을 하는 것이며 진심으로 사랑한다는 것은 사랑으로 서로를 함께 자라게 하는 것이다.

슬픔은 나누면 반이 되고 기쁨은 나누면 두 배가 된다는 진리를 기억하자. 우리들의 좁은 소견이 조금이 조금은 줄어들 것이다. 절대적인 사랑은 혼자서 키우지만 상대적인 사랑은 함께 자란다. 절대적인 사랑이 하느님이 주신 천륜이라면 상대적인 사랑은 사람이 키워가는 인륜이라 생각된다. 친구나 애인, 배우자나 자녀, 누구든 우리가 그들을 사랑하여 서로가 마음의 평화를 가져오고 더 많은 사람에게 손을 내밀면 우리는 아름다운 삶을 함께 살아가는 것이다. 바르게 나이를 먹어가는 것이다.

사랑받지 못하고 자라온 아이는 사랑이 뭔지를 모른다. 공포와 외로움이 이기심을 키우고 삶의 공동체 안에서 낙오자가 될 수 있다. 늙어서 감당해야 하는 외로움은 자식들에게 사랑을 주지 않은 부모들을 기다리고 있다고 생각하면 심장이 오싹해질 것이다. 그래서 상대적인 사랑은 그 대상이 누구이든 함께 자란다.

사랑하기 때문에 보내드린다. 멀리 있어 가는 길이 다르고 삶의 방향이 달라도 사랑하기 때문에 그대의 뜻을 존중하면 너도 크고 나도 자란다. 너와 나는 함께 자란다. 지금도 나를 사랑하는 사람들이 내 주변에 얼마나 많은지 한번 돌아보자. 고마운 마음이 솟아날 것이다. 너도 크고 나도 자라면서 키워온 사랑이 이제야 열매를 맺고 있다. 나이테 속에 소복이 박힌 사랑의 열매는 우리가 함께한 세월처럼 값진 것이다.

함께 사는 세상에서 혼자만 크겠다면 사랑을 모르는 것이다. 너도 크고 나도 자랄 수 있는 서로의 배려가 성숙한 사랑의 모습이 아닐까 싶다.

감정이 먼저 늙어가나 보다

나이가 들어 감에 따라 감정도 늙어가는 것 같다. 몸은 아직 말을 듣는데 눈물은 메말라 버리고, 말과 웃음이 적어지고 표정은 어두워 보이니 느끼는 것이 없어 보인다. 아름다운 새소리마저 소음으로 들리면서 몸보다 마음이 더 늙은 자신의 모습을 발견하고 서글퍼질 때가 있다. 인간의 노화는 체력이나 지력의 감소보다 감정에서부터 시작된다고 하였다.

감정의 노화를 방지하려면 좋은 곳에서 사람들과 어울려 함께 웃고 울고 노래하며 재미있게 살아야 한다. 인생의 겨울이 왔다고 낙심하거나 포기하면 감정은 빨리 늙어간다. 나무는 늙어도 봄이 되면 잎을 피우고 가을에는 단풍으로 물들이는 감정의 표현을 잊지 않는다. 자연의 이치를 따라 세상이 변하는 것을 겸허히 받아들이고 주름은 많아도 함께 늙어가는 친구들의 얼굴을 자주 보며 웃음을 잃지 않고 멋있게 살면 감정의 노화를 늦출 수 있다.

우리는 영원의 시간을 살아간다는 전설의 새, 불사조를 기억할 것이다. 당신과 함께라면 영원의 시간을 살아간다는 믿음을 가지고, 당신과 함께라면 불속으로 뛰어들어도 죽지 않는다는 용기를 가지고 살아야 한다. 내가 무너지면 당신도 넘어지기 때문에, 내가 살아야 당신도 살 것이라는 열정과 감정의 소유자 피닉스가 되어야 한다. 그러다 끝내 불속으로 뛰어들어 타죽게 되고 잿더미 속에서 다시 소생하는 불사조가 되면 우리 인생은 더욱 아름답지 않겠는가?

깜박깜박 잊는 것이 그리 나쁜 것만은 아니다. 잘 들리지 않고 잘 보이지 않는다고 답답해 할 것만도 아니다. 겸허히 받아들이고 긍정적으로 생각하는 지혜를 발휘하는 감정을 감추지 말아야 한다. 그 많은 세월의 기록은 컴퓨터에도 다 저장할 수 없는 것과 마찬가지다. 제한된 메모리 기능을 가진 인간의 두뇌에 새것을 기록하려면 옛것을 지우고 공간을 마련해 주어야 한다. 감정은 감정을 자주 표현하고 나눌 때 업그레이드 되는 것이다. 이메일을 주고받듯 서로 나누어야 한다.

몸은 늙어도 감정은 늙지 않게 하려면 감정의 표현을 감추지 말고 감정을 함께 나누면 슬픔은 줄어들고 기쁨은 늘어나는 불사조가 될 것이다

생각났을 때 바로 만나라

나중에 보자는 사람 무서울 것이 없다는 말이 있다. 지금 당장 당신과는 만나기 어려운 사연이 있으니 나중에 만나자는 사람과, 언제 만나도 나에게는 아무런 문제될 것이 없으니 당신과 만나는 것을 두려워할 이유가 없다는 뜻이기도 하다. 또한 하나의 핑계로 나중에 만나자는 말로 대신하기도 한다.

나중에 만나자는 말은 꼭 불편한 사이에만 하는 말은 아니다. 사람과 사람의 만남은 우연이 아니고 인생은 서로 만나기 위해 태어났다고 한다. 반가운 친구를 만나려 하다가도 "다음에 만나자."는 말로 대신할 때가 있다. 전화를 하더라도 바로 만나는 날을 정해 놓아야 곧 만날 수 있게 된다. 내가 먼저 다가설 때 소중한 사람을 만날 수가 있으며 후회하지 않는 인생을 사는 비결이기도 하다.

우리는 능력에 자신이 없는 일은 뒤로 미루고 내가 먼저 찾아야 한다는 신념에 확신이 없으면 다음에 만나자고 한다. 지금 생각났을 때 바로 해야 되고 미루어서는 안 될 것은 서로 가까이 있을 때 사랑하는 것이고 용서하는 것이다. 살아있는 동안 사랑하는 것이 아니라 사랑하는 동안만 진짜 살아 있는 것이기 때문이다. 나중이 아니라 지금! 내일이 아니라 오늘!

이산가족 상봉 장면을 보면서 간절히 그리워했던 사람을 만나지 못했던 애타는 가슴을 안고 살아온 날들을 생각해 보라. 사람을 향한 그리움 때문에 마지막 순간 가슴을 치며 후회하는 사람들이 많았음을 알 수 있었다. 보고 싶은 사람이 있으면 지금 당장 보러 가야 한다. 찾아와 주기를 바라지 말고 내가 먼저 다가가면 어떨까. 한 번의 만남이라도 소중히 여기는 마음, 이것이야말로 사람과 사람 사이의 관계를 후회하지 않게 만드는 최고이자 최선의 방법일 것이다.

오츠 슈이치(Oats Shuichi)는 천여 명의 죽어가는 암 환자들이 남긴 마지막 후회들을 모아 쓴 "죽을 때 후회하는 스물다섯 가지" 글에서 여덟 번째로 "만나고 싶은 사람을 만났더라면"이라고 적고 있다. 또한 애플사의 창업자 스티브 잡스도 스탠포드대학 졸업식 연설에서 오늘이 내 인생의 마지막 날이라면 지금 하려고 하는 일을 정말 할 것인가? 그렇다. 왜냐면 삶이 만든 최고의 발명이 죽음이기에 생각날 때 만나는 것이 우리 인생을 풍요롭고 보람되게 하는 것이다.

그저 편안하게 대해 주세요

아내의 정신이나 행동이 옛날과 같지 않아 병원을 찾았다. 아내를 진찰한 의사는 그에게 아내의 알츠하이머를 선고하면서 질책도 격려도 금물이니 그저 편안하게 대해 주라고 처방해 주었다. 그 순간 그의 마음은 산산조각이 나고 가슴은 갈기갈기 찢어지고 있었다. 하늘을 향해 눈물을 감추고 웃음을 지으며 그가 어떤 모습이든지 그는 있는 그대로의 아내를 받아들일 것임을 다짐하였다.

아내를 편안하게 해주려고 마음 쓰면서 편안함이 환자에게만 국한된 최고의 명약이 아님을 새삼 느끼게 되었다고 말했다. 편안함은 가까이 있는 사람에게서 오는가 보다. 가까이 있는 사람 사이의 역사적 사명은 서로 편안함을 주고받는 것이다. 함께 있으면 왠지 불편한 사람이 있다. 그것은 그 사람과 나 사이에 서로 있는 그대로를 받아들여 가까이하지 못하는 마음이 있기 때문이다.

어릴 때 밤을 새우며 한 이불 속에서 이야기한 친구가 생각나는가. 학교 다닐 때 아무것도 아닌 일에 공감하면서 웃고 또 웃고 아무리 웃어도 계속 함께 웃은 한 반의 친구가 생각나는가. 서로가 얼마나 편한 사이였기에 눈만 마주쳐도 웃음이 나오고 밥만 먹으면 만나고 싶었을까. 그들은 서로의 있는 그대로를 받아들이고 신뢰를 쌓아 서로가 편안하게 대해주고 있기 때문이었을 것이다.

이해관계나 상하관계가 있는 직장이나 군대에서도 친구가 생긴다. 서로가 있는 그대로 받아들이고 존중하며 편안하게 대해줄 수 있을 때 친구가 된다. 직장이나 군대의 친구관계가 오래 유지되는 이유도 서로 있는 그대로 편안하게 만들어졌기에 계속되고 있다. 만나면 편안하지 못한 친구가 있다면 내가 마음을 열지 않고 있는 것이 아닌지 모른다. 내가 내 마음을 아프게 하고 불편하게 만들 필요는 없을 것 같다.

어느 날 방에서 무엇을 찾고 있는 아내의 핸드백을 열어보던 친구는 꾸중을 맞았다고 했다. 아내를 도와주고 편안하게 해주려고 노력한다는 것은 아내의 모든 것을 알려고 하라는 말이 아님을 알았다. 기억력은 희미하지만 옷을 입혀주면 부끄러워하는 모습을 보며 그는 눈을 돌렸다. 아내 자신만의 것은 혼자만의 것이다. 가까워진다는 것이 꼭 편안하게 대해주는 것만은 아니다. 있는 그대로를 받아들이지만 있는 그대로를 다 그대로 보지 않는 것이 상대를 편안하게 대해주는 것이다.

한쪽 가슴으로도 사랑할 수 있을까

여동생 같았던 대학후배를 만나지 못한 지도 꽤 오래된 어느 날, 나는 그녀의 전화를 받았다. 친구로부터 오랫동안 보지 못한 선배의 연락처를 전해 받고 미국 여행길에 전화를 걸었다는 인사가 너무 반가웠다.

저녁식사에 와인을 몇 잔 함께 나누며 옛이야기로 시간가는 줄 모르면서 "나 학교 다닐 때 너 많이 좋아했었는데." 라는 말을 아무 거리낌 없이 하고 말았다. 그녀는 수줍은 얼굴로 "왜 그때 말하지 않았어? 나에게 전혀 관심을 보이지 않았잖아! 지금은? 난 아직 싱글이지만 오빠는 유부남이네. 오빠, 한쪽 가슴으로도 한 사람을 사랑할 수 있을까?" 그녀의 질문이 무슨 문학소녀의 이야기처럼 들려왔다. 문학을 전공한 그녀라 "야, 너 지금 시나 소설 쓰고 있니?" 라고 말하며 쳐다본 그녀의 얼굴에 어둠이 깔려 있음을 느끼고 바로 말을 바꾸었다. "야, 너 무슨 말하기 어려운 일이 있구나. 실연당했어? 말해봐."

"나 그때 오빠 좋아했었어. 사실이야, 사랑했었어. 그것을 알았을 23살 때 나는 유방암 진단을 받았고 나는 오빠에게 더 이상 다가갈 수 없었어. 사랑하니까 떠난다는 말이 있잖아…." 순간 술이 확 깼다. 뒤통수를 한 대 얻어맞은 것 같은 기분으로 나는 그녀의 손을 잡았다. "이 바보야, 그런 게 어디 있어. 그때 오빠에게 말했어야지." 오늘따라 더욱 더 아름답게 보이는 그녀가 나에게 마음을 열지 못한 이유를 이제야 알게 되었다.

결혼도 안 한 처녀가 유방암 선고를 받았을 때 그것은 하늘이 무너지는 것과도 같았을 것이다. 그리고 3년 후 수술로 한쪽 가슴을 떼어내고 말았다고 했다. 수술을 마친 다음 절망적인 외마디가 가슴을 쳤고, 처음으로 한 소리는 "한쪽 가슴으로도 사랑할 수 있을까?"였다. 아픔과 두려움의 고통때문에 울었다고 했다.

친구들과 소개팅에도 나가고 지인들의 권유로 맞선 자리에 나간 적도 있었다. 한쪽 가슴은 없는 그대로 하고 나갔다고 했다. 그녀의 용기를 칭찬하면서 몇 번 만났던 한 청년은 "한쪽 가슴이기 때문에 더 뜨겁게, 아픔을 알기 때문에 더욱 깊게 사랑할 수 있다."며 그녀를 잡아주었다고 했다. 사랑은 살아있는 모든 사람의 특권이다. 그렇다. 내가 사랑할 때 사랑받을 수 있다.

내 가슴을 뛰게 하는 일

중학교도 졸업하기 어려웠던 그는 공사장에서 구슬땀을 흘리며 일하고 있을 때, "넌 왜 이 일을 죽다시피 하는 거니? 몸 다칠라, 좀 천천히 해라." 내가 다니던 중학교 선생님이 지나가다 보고 던진 한 마디가 화가 나도록 미웠다. 그러나 이렇게라도 땀을 흘리며 일해야 먹고 살 수 있기에, 가족을 먹여 살릴 수 있기에 일을 해야 하는 것이 부끄럽지만은 않았다.

제자들을 가르치는 일에 보람을 느끼고 자라서 훌륭한 사람이 된 제자를 보면 내가 한 일이 가슴을 뛰게 한다는 선생님의 말씀이 생각났다. '먹고살기 위해 노동을 하면서 나는 그저 심장이 멈추지 않게 하기 위해 이 일이라도 하는 거야. 그러나 언젠가는 이것이 내 가슴을 몹시 뛰게 하기 때문에 하는 거야.'라고 말할 수 있는 일과 날이 올 것이라고 믿었다. 오늘이 그 준비 과정이며 수련의 장이라는 믿음에 코끝이 찡했다.

대통령도 만나려면 며칠을 기다려야 할 정도로 유명한 중국인 의사가 어느 산간 오지 마을에서 전염성 풍토병 환자를 치료하고 있었다. 도시에 큰 병원을 지어 줄 테니 함께 돈을 벌자고 제안하는 한 지방부호가 그에게 물었다. 당신은 아주 유명한 의사이면서 왜 이렇게 아무도 알아주지 않는 이런 험한 곳에서 일하고 있소? 겸손하게 미소를 짓는 의사는 이 일이 내 가슴을 몹시 뛰게 하기 때문이에요. 이 일을 하는 한 내 심장은 멈추지 않을 것입니다.

아프리카 수단 남부 톤즈라는 마을에서 한센병 환자들을 돌보다 세상을 울리며 돌아가신 수단의 슈바이처 이태석 신부님이 생각난다. 이 신부님을 기억하며 제작한 다큐멘터리 영화 〈울지마 톤즈〉를 보고 나는 고장난 수도꼭지처럼 눈물을 흘렸다. 내 자신이 너무나 초라하고 부끄러워서 어린아이처럼 목 놓아 펑펑 울 수밖에 없었다. 나는 내게 물어보았다. 이태석 신부처럼 온전한 희생은 못했더라도 아주 작은 것에나마 배려하며 살아가는지, 나의 하는 일이 내 가슴을 멈추게 할 것 같은 부끄러움은 없는지 돌아보았다. 이태석 신부님도 중국의 어느 유명한 그 의사처럼 그가 해온 일이 그의 가슴을 뛰게 하였기 때문일 것이다. 그들은 나의 가슴도 뛰게 했다. 그러면 하느님은 왜 이태석 신부님의 뛰는 가슴을 그렇게 빨리 멈추게 했을까?

기억 저편의 느낌

나는 기억하고 싶은 것이나 기억에 남은 것이 그리 많지 않기에 잊을 것이 별로 없어 보인다. 내가 받은 기억이 없는 애정을 잊을 수가 없듯이, 아무리 아름다운 음악도 내가 들은 기억이 없다면 잊을 수가 없을 것이다. 기억에 없는 것을 잊을 수는 없는 것이다. 그러나 기억은 없지만 애정이나 노래에 관한 느낌이나 감촉은 있을 수 있다.

세상에 태어나 어머니가 처음 안아주던 감촉을 우리는 기억하지 못한다. 그러나 그때의 그 편안함과 따뜻한 사랑이 아스라한 기억 저편의 영혼 깊은 곳에 각인되어 우리의 정서와 품성을 만들고 그 너머의 무의식과 본성까지를 지배하고 있다. 기억하지 못하지만 기억 이전에 받았던 사랑의 냄새와 목소리, 어루만짐이 오늘의 나를 있게 해준다. 그래서 우리는 기억 저편의 그 느낌을 잊지 못한다.

생전 처음 만나러 가는 사람이 좋은 느낌으로 다가온다면 그 사람에 대하여 아무것도 아는 것이 없어도 우리는 설레고 기쁨을 느낀다. 인간은 성장하면서 배우는 것의 83%를 시각을 통해 배운다고 한다. 그래서 백문이 불여일견이라는 말이 있나 보다. 아직 한 번 보지도 못했기에 기억할 것도 없다. 그런데 그 사람이 좋은 느낌으로 다가오는 것은 인간에게는 육감이라는 것이 있기 때문이다.

너무 어릴 때 돌아가신 어머니를 기억하진 못하지만 잊히지 않는 것은 단순히 어머니라는 이유에서만 아니라 내 입에 젖꼭지를 물려주던 감촉이 아직도 나를 지배하고 있기 때문이다. 어머니 등에 업혔던 것을 기억하진 못하지만 따뜻한 감촉이 내 몸의 온도를 유지하고 있기 때문이다. 내가 받은 기억이 없는 사랑을 결코 잊을 수가 없기 때문이다.

나이가 많아지면서 꼭 기억해야 할 것은 그리 많지 않은데 잊고 지내는 것은 더 많아지는 것 같다. 기억하는 것과 잊는 것은 함수관계에 있는 것일까. 옛날의 기억은 벌써 많이 잊혀졌고 오늘의 일은 잘 기억되지도 않는다. 기억하는 것도 많지 않은데 잊는 것이 더 많은 이유는 무엇일까. 그래도 기억 저편의 감촉이나 느낌은 없어지지 않는다. 어쩌면 더욱더 발달하고 있는 것 같다. 새로운 느낌은 연륜과 경륜이 쌓이면서 옛날에 몰랐던 것마저 나타나기 때문이다.

무릎을 꿇으신 어머니

내가 신학교에 입학할 때, 내 결정을 받아들이기 어려웠던 어머니는 나와 함께 학교에 가지 않았다. 그러나 그 문제로 어머님과 다툰 일도 없었고 어머니는 나를 보러 신학교에 오지는 않았지만 나는 가끔 집으로 어머니를 찾아뵈었다. 가톨릭 신앙에 충실하고 실천하는 여인이었지만 아들에 대한 모든 일은 너무 갑작스럽게 일어난 일이라 어머니로서 무척 혼란스러워했다.

세상에서 가장 강한 인간은 어머니가 아닐까 싶다. 자식에 대한 어머니의 사랑은 본능일 것이다. 그 본능보다 더 깊은 본능, 그 본능보다 차원이 높은 본능, 그것을 받아들이려고 노력하는 마음이 착잡했을 것이다.

아들이 사제가 되던 날 사제 서품식에 참석하신 어머니는 아들 앞에 무릎을 꿇었다. 아니, 어머니는 그 근원적인 본능을 향해 하느님

앞에 무릎을 꿇었던 것이다. 서품식 후 무릎을 꿇고 나의 첫 강복 기도를 받으신 어머니를 나는 오늘도 또렷이 기억하고 있다.

아들 앞에 무릎을 꿇은 어머니, 아들은 어머니의 머리에 두 손을 올리고 눈을 감고 기도를 했다. 떨리는 가슴에서 울려나오는 조용한 기도 소리에 나의 눈시울은 붉어졌고 들썩이는 어깨를 숨기려고 애쓰고 있었다. 끌어안고 싶고 안기고 싶은 어머니께 신부로서 드리는 첫 강복 기도에 하느님의 아들로서 정성을 모았다.

이는 2013년 취임하신 프란치스코 교황님 이야기다. 여기서 우리는 어머니의 정성이 새싹을 촉촉이 적시며 내리는 봄비처럼 가슴에 닿아오고 있음을 느낀다. 아무리 착실한 가톨릭 신자라도 내가 낳은 아들을 하느님께 바치는 어머니의 착잡한 심정이야 말로 표현하기 어려울 것이다.

사제 서품식에서는 가톨릭 신학교를 졸업한 이들이 독신 서약을 하고 사제가 되는 날이다. 이들은 두 팔과 두 다리를 뻗어 땅에 엎드렸다. 그렇게 한없이 낮아지기를 서약하는 것이다.

뒤에는 지켜보는 어머니들이 있었다. 웃음과 울음이 얼굴과 가슴에 함께하고 있는 듯 보였다. 신부가 없는 신부로서 하느님과의 결혼식에 나온 아버지 어머니는 한없이 울고 한없이 웃고 있었다.

종말시계 3분 전

전쟁이나 자연재해의 위험이 인류를 얼마나 심각하게 위협하는지를 뜻하는 "종말시계Doomsday Clock"의 시간이 금년에도 종말 3분 전으로 표시되었다. 종말시계는 자정에 가까워질수록 인류멸망의 위협이 증가한다는 의미로 실제 시계는 아니다. 과학자들은 이 같은 종말시계의 분침 근거로 세계에서 진행되고 있는 핵실험이나 핵무기 보유국들의 동향과 감축상황을 분석했다. 이제는 지구상의 기후변화상황과 핵무기 자료를 모두 분석하여 종말시계 분침의 근거로 삼고 있다.

종말시계는 사이비종교에서 떠드는 허망한 지구멸망이 아니라 미국의 핵무기 개발계획에 참여했던 시카고대학 과학자들이 인류에게 핵위협을 경고하기 위해 세계 제2차 대전이 끝난 후 처음으로 고안한 시계다. 최초로 만들어질 때의 종말시계는 1947년에 종말 7분

전 즉 11시 53분을 가리키고 있었다. 그 후 1949년 소련이 핵실험에 성공한 해에는 11시 57분을, 1953년 미소 양국이 수소폭탄 실험에 성공했을 때는 11시 58분, 종말 2분 전을 가리키고 있었다.

지금까지 가장 길었던 종말시간은 미국과 소련이 전략무기 감축조약을 체결한 1991년의 11시 43분이었으나 금년에는 기후변화에 의한 자연재앙과 미중, 미러 갈등이 위험을 야기하고 북한이 4차 핵실험을 하는 등의 전 세계적인 핵무기 현대화가 인류에 분명한 위협을 줄 것이라며 종말시계를 다시 11시 57분, 즉 종말 3분 전의 짧은 시간으로 단축하였다.

미국 원자력과학자회는 이제 핵무기보다 통제되지 않는 기후변화를 인류에 대한 가장 큰 위협 요인으로 먼저 언급하며 온실가스 배출, 해수면 상승, 식료품 공급 감소 등을 근거로 설명했다. 기후 변화는 우리의 대응 수단과 전 세계적 차원의 지도력에 대한 시험이 될 것이라고 경고했다.

정작 내가 묻고자 하는 질문은 "당신은 지구 종말이 3분밖에 남지 않았다면 이 마지막 3분에 무엇을 하시겠습니까?" 사랑하는 사람에게 미처 하지 못했던 말을 전하고 싶습니까? 아니면 아무런 생각도 하지 못하고 이미 죽고 말았을 것 같이 느껴집니까? 이 3분이란 시간은 죽음은 물론 그 무엇을 준비하기에는 너무도 짧은 시간일 것이다. 중요한 것은 이러한 상황에 처하게 되었음은 우리 인간이 자초한 일에 근거를 두고 있으니 해결의 실마리도 우리가 쥐고 있음을 알아야 할 것이다.

계절의 주인

우리는 돈으로 살 수 있는 것들에만 많은 가치를 부여하고 사는 것 같다. 돈으로는 살 수 없는 것들이 더 소중하고 없어서 안 될 것이 많은데, 우리는 아무 생각도 없이 지나치고 마는 것 같다. 돈 한 푼 들이지 않고도 즐기며 살 수 있게 만들어진 이 세상의 아름다운 자연 속에서 그저 영예와 탐욕에 눈이 멀어 얼마나 소중한 것들을 잊고 살았는지, 얼마나 많은 것들을 잃어버리고 살았는지 모른다.

꽃이 피고 질 때마다, 새싹이 나고 낙엽이 질 때마다 계절의 주인이 누구인지를 생각해 보았는가. 흙내음 코끝에 와 닿고 훈풍이 가슴을 파고드는 지금 이곳의 주인은 누구일까 알아보았는가. 따스한 햇살이 졸음을 부르고 푸른 하늘이 끝없이 펼쳐지는 이 언덕의 주인은 어디 있는지 물어보았는가. 인생의 순간순간이 열리고 접힌 시간의 갈피 속에 담긴 계절의 추억이 당신 것임을 느끼면서 살아온 날들이 살아갈 날보다 많은 것 같아 후회 없이 살아가는 날들이 시작되면 그때야 생각나는 고마운 것들이 너무 많이 보인다.

우리는 계절의 순리를 따라 피고 지는 아름다운 꽃을 보고 고마운 마음을 가져보지 않고 살고 있는 것만 같다. 그러나 내가 계절의 주인인지 아니면 계절이 나의 주인인지는 알 수 없지만 춘하추동 변하는 사계절이나 변덕 많은 우리 마음은 서로 닮은 것같이 느껴질 때가 많다. 주인과 손님이 서로 오고가는 관계라면 계절이 주인일까? 우리가 주인일까? 주객의 분간이 잘 되지 않는다. 공통점은 둘 다 다혈질이 아닌가 싶다. 다혈질일수록 감성이 풍부하다. 그래서 태풍도 장마도, 폭설도 한파도 있고 사랑도, 미움도, 슬픔도, 기쁨도 함께 나눈다.

아름다운 계절은 나의 것이라고 말하고 싶다. 주객의 개념을 떠나 오가는 사람들과 계절이 다정다감하게 다가오고 꽃들이 춤추며 밀려오는 지금 이곳을 펼쳐준 계절은 나의 것임이 분명하다. 계절의 꽃은 우리를 위해 피고 있으니 이 계절은 그대의 것, 이 계절의 축제는 그대를 위해 펼쳐지고 있는 것이다.

계절은 누구의 것인가? 잠든 손님과 홀로 명상에 잠긴 주인, 다 함께 계절의 갈피 속에 꽂혀 있는 계절은 나의 벗이 될 수 있지만 내가 계절의 일부가 되어 가난이 훈장처럼 가슴에서 떨어진 적 없어도 한가로운 오후.

추억이 머무는 기차역

누군가 어디로인지 떠나고 떠났다가 다시 돌아오기도 하지만 어느 날 당신과 끝내 만날 수 없는 이별을 한 곳이 이 기차역이다. 사람과 사람이 만나고 헤어지는 장소, 누군가를 부둥켜 안고 울고 웃는 곳, 그 추억의 기차역을 생각할 때 당신을 그리워합니다. 새벽기차의 기적 소리에 잠을 깨면 잔잔한 추억이 베개맡에 펼쳐지면서 마음은 고향을 찾아갑니다.

간밤에 들려온 기차의 기적소리가 너무 로맨틱했다며 분위기를 잡았더니 아들 녀석은 시끄럽기만 하지 무슨 정서가 담긴 소리냐는 퉁명스러운 한마디를 내뱉었다. 세대의 차이인가 문화의 차이인가, 이렇게 느낌의 차이가 크기도 하지만 언어의 장벽까지 있으니 원만한 소통을 기대하긴 어렵다.

〈이별의 부산정거장〉이나 〈대전 발 0시 50분〉을 부르지 않아도 기차역은 항상 그리움의 장소다. 기차를 한 번도 타 보지 못했던 어린 시절에는 기차여행이 동경의 대상이었다. 기차를 타고 다니는 사람들은 얼마나 행복한 사람들일까! 하얀 연기를 내뿜으며 달리는 기차의 기적소리에 무엇인가 생각에 잠기면서도 기차역은 남겨둔 이별이나 함께 가는 슬픔은 상상해보지 못했다. 그 옛날 기차역에는 삶의 웃음보다 눈물이 더 많은 곳이었던가.

우리는 인생이라는 기차를 타고 지나가야 할 수많은 역에 잠시 머물기도 하고 스쳐 가고 있는지도 모른다. 내가 앉았던 자리에 누군가가 앉고, 잠깐 비었다가 또 다시 어떤 사람이 그 자리에 앉으면서 그 사람이 그자리의 새로운 주인이 된다. 내가 지나온 수많은 기차역에서 갈아타야 할 기차를 놓치면 나는 다른 방향으로 가게 된다. 나는 이렇게 지나온 기차역들이 내 가슴속에 애틋한 추억으로 남아있는 오늘을 살고 있다. 어디론가 떠나고 싶으면 나는 기차역에 나가 서성거린다.

찾아오는 사람이나 이별할 사람은 없었지만 혼자 그려보는 기찻길 정서는 가슴속에 차분히 함께하고 있다. 이제 코스모스 하늘거리는 기차역은 추억 속에서만 만날 수 있으니 지나온 역들이 아직도 지나가야 할 역보다 많아 보인다. 때로는 곧게 때로는 굽이치며 달려온 철길의 끝에는 새벽 안개처럼 희미하게 내가 내려야 할 이별의 종착역이 보인다.

철없던 그 시절

달걀로 바위 치기를 일삼던 어릴 때 철없었던 나의 모습을 기억하면서도 어리석은 일을 아직도 자주 벌이는 나를 보면 아내는 언제 철이 들겠느냐고 고개를 저으며 핀잔을 준다. 그러나 그 질책이 듣기에 불편하지 않은 이유는 아직도 철들지 못한 어른으로 살고 있지만 순수하고 철없이 살아온 그 시간들이 이젠 그립고 고맙게 느껴지기 때문이다.

장애물이 앞을 가로막고 있는 것을 알면서도 온힘을 다해 달려갈 수 있었던 것은 누구보다 나를 잘 이해해 주는 나와 친구가 있었기 때문이다. 나는 철없고 어리석었던 그 시절이 내 인생에 있어 주었다는 것을 고맙게 여긴다. 그토록 순수한 시절이 있었기에 오늘의 내가 있는 것이 아닌가. 그 철없었던 순간들을 앞으로도 더 많이 갖고 싶은 것이 나를 영원히 철없는 어른으로 살게 하고 있다.

바보 같은 짓을 한 친구에게 너는 언제 철이 들겠니? 라고 물으면 나는 철이 들면 죽을 것 같아 이렇게 계속 살 것이라는 유머 섞인 대답을 하는 친구의 모습이 그리워지면서 사람이 죽을 때가 되면 갑자기 차분하고 성숙된 모습을 보인다고 하니 철들면 죽는다는 말이 예사롭게 들리지 않았다. 철이 없다는 말은 순수하다는 뜻이려니, 죽음 앞에서는 모든 것 다 내려놓고 순수해진다는 말인가?

고맙다, 나의 철없었던 순간들. 그러나 아직도 철없는 순간들을 보내고 맞이하면서 나는 언제 철이 들까 생각해 본다. 젊었을 때 행한 일들을 나이 들어 생각해보면 너무 철없는 짓을 한 것으로 보여진다. 사람과 사람 사이의 일들이 특히 그렇다. 50대에 현명하게 내려진 결정이 60대에 와서 되돌아보면 철없는 행동으로 보이고 60대의 결정이 70대에 와서야 잘못된 것으로 느껴지면서 시행착오 속에 살아온 삶이 인생이란 생각이 든다.

동생과 다투고 있는 손자에게 철이 없다고 나무라던 할아버지가 사고를 치고 말았다. 사랑방에서 할아버지와 함께 이야기를 하고 있는 친구가 할아버지에게 "자네는 언제나 철이 들겠니?" 하는 소리가 들렸다. 뒤를 이어 "그래 나는 아직 철이 들지 않았어. 그래서 나는 순진한 거야." "자네는 순수하지가 못해." 라는 할아버지의 말씀에 대한 반격이었다. 할아버지 파이팅. 할아버지, 저도 철이 없지만 순진합니다.

사막의 별

지구상에서 가장 멋진 밤하늘을 보여준다는 호주 서북부지방에서 별 구경을 할 수 있는 기회가 있었다. 시드니에서 비행기를 타고 호주의 중심에 있는 에이어스락이라는 세계에서 가장 큰 바위가 있는 곳에 도착하니 사진에서만 보던 울룰루 바위가 보인다. 끝없이 펼쳐진 진홍빛 모래사막 가운데 원주민들이 울룰루라 부르는 흙더미 같은 이 바위의 높이는 348m이지만 둘레가 9.4km라고 한다.

울룰루에서 버스로 한 시간 정도 서북방향으로 자리를 옮겨 호주의 오지 아웃백의 조그마한 주방건물과 야외식탁이 어둠이 찾아드는 사막에 마련되어 있는 레스토랑에서 원주민의 밥상 '부시터커'를 대접받았다. 각종 나무열매와 풀잎, 향신료와 함께 내놓는 캥거루와 에뮤(호주 특산 타조), 야생 칠면조요리에 각종 벌레 모듬요리는 그야말로 이곳에서만 맛볼 수 있는 최고의 진수성찬이라고 한다. 밤

하늘의 별을 보려고 이곳까지 온 것이지만 부시터커 밥상은 매우 인상적이었다. 아웃백 스테이크가 부시터커의 고기 맛과는 다르다는 이유도 여기서 알게 되었고.

노을이 지평선 너머로 사라지면서 식탁의 횃불마저 꺼버리니 그야말로 암흑천지였다. 사막의 열기가 금방 사라지고 기온이 뚝 떨어짐을 느꼈다. 웃옷을 걸쳐 입으려고 고개를 돌리는 순간 낮보다 눈부시게 밝아오는 사막의 밤하늘이 머리 위에 펼쳐지고 있었다. 완벽한 어둠만이 보여줄 수 있는 원시의 하늘이 바로 여기에 있었다.

헤아릴 수 없이 수많은 별들이 너무도 선명하고 가까이 보이고 있었다. 별들이 강을 만들어 분무를 날리는 은하수(갤럭시)는 너무 아름다웠다. 말로만 들어온 견우와 직녀성, 십자성, 노인성, 항성, 화성, 토성 등 설명을 들으니 모두 볼 수 있었다. 감동적인 것은 유성, 즉 별똥별이었다. 빛의 거대한 함정에 빠져 별과 별 사이를 헤매고 있을 때 느닷없이 나타나 현실과 꿈의 경계선을 그어주듯 유성은 꿈에서 또 다른 꿈으로 나를 인도해 주고 있었다.

어둠이 깊을수록 별은 더욱 밝게 빛나고 있었다. 우리 마음 안에 있는 별들도 그럴 것이다. 별을 아름답게 보려면 불을 꺼야 하듯이 가까이 있다고 더 밝은 것이 아님을 느꼈다. 간절함이 깊을수록 별은 더욱더 선명하게 나타나는가 보다.

시간이 주는 선물

시간이 쌓이면 세월이 되고 세월은 우리에게 추억이란 선물을 남긴다. 시간은 우리에게 선물처럼 주어져 있는데 선물은 받은 사람이 어떻게 사용하느냐에 따라 의미가 달라진다. 세월이 약이고 시간이 많은 것을 해결해준다는 말이 있듯이 시간은 많은 의미를 갖고 있다. 세월을 원망하는 사람이 있는가 하면 세월 가는 줄 모르고 지내는 사람도 있다.

시계를 보면 시간은 분명히 아주 일정한 속도로 가고 있는데 우리는 시간이 너무 빨리 간다거나 너무 느리게 간다고 말한다. 시간처럼 보고 느끼는 사람의 관점에 따라 가치와 의미가 달라지는 것도 없을 것이다. 시간은 아주 작은 단위로 나눌 수도 있지만 가장 길게 늘릴 수도 있다. 길이는 길면서도 짧게 보이기도 하고, 속도는 가장 빠르면서도 가장 느린 것 같이 느껴진다. 시간이 없어 못 했다는 변명을 하면서 시간을 허비하지만 정녕 이 세상에 시간이 없으면 아무것도 할 수 없다는 것을 생각해 보았는가. 그래서 그 가치도 아주 하찮은 것 같지만 가장 큰 회한을 남긴다.

앞으로 우리에게 주어진 시간이 10시간 또는 100시간뿐이라고 생각해보자. 이 정해진 시간 내에 무엇을 먼저 어떻게 하고 싶은가라고 묻는다면 우리의 답은 무엇일까. 죽어가는 사람에게 하루의 생명을 연장해 준다면 어떤 의미가 있을까. 또한 내가 지금 헛되게 보내고 있는 오늘이 어제 죽어간 사람들이 그토록 살고 싶어 하던 내일이었음을 생각해 보았는가. 한 가지 분명한 것은 시간이 우리에게 얼마나 소중한 것임을 느낄 수 있을 것이다.

죽은 사람이 갖지 못한 내일이라는 시간과 내가 허무하게 보낸 오늘도 함께 무덤 속으로 사라지면 그때야 시간은 우리를 기다리지 않음을 알 수 있다. 만일 내일이 없는 죽음 앞에서 조금이라도 더 살고 싶어 하는 사람에게 마지막 오늘의 시간이 얼마나 짧은 것인지 생각해보라. 내일이 마지막인 사형수의 오늘은 너무도 짧고 긴 시간이 될 것이다.

시간은 나에게 준 선물이다. 시간에 생명과 영혼을 불어넣어라. 시간이 나를 위해 노예같이 일하고 충성을 하도록 한다면 나는 시간의 지배자가 될 것이다.

이것 역시 곧 지나가리라

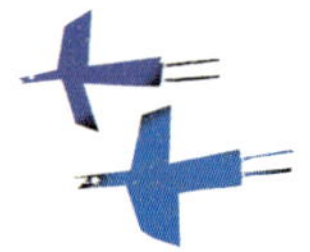

"세월이 약이다." 라는 말과 같이 우리가 분명하게 말할 수 있는 한 가지는 시간이 많은 것을 치유한다는 사실이다. 잊고 살아온 것이나 잃어버린 것을 되찾지는 못하겠지만 모든 것은 다 한순간이며 곧 지나가버리는 것을 알면 성공이나 승리의 순간에도 교만해지지 않을 수 있고 실패나 패배의 순간에도 지나치게 절망하지 않을 수 있다.

기쁨이 자만심으로 자리 잡기 전에 이것 역시 곧 지나갈 것임을 알면 겸손해질 수 있고, 슬픔과 불행이 찾아왔을 때 이것 역시 곧 지나갈 것임을 알면 우리의 삶을 더욱 소중하게 가꾸어 갈 수 있을 것이다. 오랜 세월의 갈피 속에 새겨진 지난날의 기억들이 가르침으로 다가올 테니 좌절하지 말자. 우리 인생은 그렇기 때문에 어쩌면 다행인지도 모르겠다. 세월이 나를 속였다고 믿으면 지나간 것이 아쉽지만은 않을 것이다.

먼저 보낸 자식이나 아내를 남기고 간 남편을 생각하며 슬퍼하던 여인은 세월의 힘을 빌려 다시 일어설 수 있었다. 그 아픔도 지나간 어느 날 행복이 찾아오는 듯했으나 그녀는 지나간 것을 소중하게 여기며 살아간다. 어제의 슬픔이 오늘의 행복도 곧 지나갈 것임을 가르쳐 주었기 때문이다. 인간의 몸은 오늘에 살고 있어도 마음은 항상 내일을 꿈꾸며 살기 때문이다.

인생의 한순간이 열리고 접히면서 많은 것들이 지나가고 있다. 그 지나간 사연들이 시간의 갈피마다 꼽히면 사람들은 이것을 세월이라 부른다. 특히 어느 때, 살아갈 날보다 살아온 날이 많아지면서 지나간 것들은 하나의 추억이 된다. 우리는 이 추억을 더듬어 볼 수 있을 무렵에야 한평생 얼마나 소중한 것들을 잊고 살았는지, 얼마나 많은 것들을 잃어버리고 살았는지 알게 된다. 그러나 다행인 것은 미워하고 좌절하며 살아온 날들도, 사랑과 희망을 갖고 살아온 날들도 모두 지나가고 없으면 우리는 아쉬움을 느끼지만 그것 또한 지나갈 것이므로 나는 나의 소중한 미래를 꿈꾼다.

소중한 것을 잃어버리고 슬픔과 좌절이 내 삶을 정복하여 마음이 혼란해지면 다행히도 이것 역시 지나가리라는 위로의 말을 가슴에 담아보자. 행운이 당신을 찾아오고 기쁨이 내 가슴에 가득 차면 이 행복한 날들도 스쳐갈 것임을 조용히 가슴에 새겨보자. 아쉽지만 이것 역시 한순간에 지나갈 뿐이다.

자신을 발가벗겨 전시한다면

당신은 어떤 사람과 중요한 이야기를 나눌 때 내 자신을 발가벗겨 전시한다는 심정으로 대화해 본 적이 있는가. 루소의《참회록》에서 "내가 하려고 하는 일은 일찍이 전례가 없는 일이며 앞으로도 흉내 내는 사람이 없을 것이다. 그것은 사실 사람 하나를 발가벗겨 세상 사람들에게 전시하는 일이다. 그리고 그 인간이 바로 나 자신이다." 라고 적었다. 섬뜩하게 느껴지는 말같이 들린다. 나 자신을 다 까발릴 테니 너도 발가벗으라는 것이다. 그렇게 진솔함을 외친 루소가 완전 고립, 완전 왕따의 삶을 살아야한 이유는 무엇이었을까?

세상 삶은 그리 호락호락한 것만은 아니다. 우리 계급장 다 떼고 이야기 한번 해보자. 또는 어느 대통령이 외국 정상을 만나 온천장에서 발가벗고 함께 이야기를 나누었다는 기억이 난다. 얼마나 서로가 마음을 열지 않았기에 이런 발상이 나왔으랴. 겹겹이 싸인 마음의 옷까지 벗어 던지고 이야기했는지 모르겠다.

꿈을 꾸고 꿈을 만들어 가는 사람이나 삶의 새로운 길을 내는 사람은 자신을 발가벗겨 전시하는 사람들 중의 하나다. 때로는 엄청난 수모와 모멸감을 견뎌 내야만 하고 그러면서도 꼼짝없이 자기 자리를 지켜야 한다. 내가 먼저 한 올도 남김없이 진실을 드러내야 또 다른 진실을 만날 수 있는 것이다. 사람의 진심은 진심과 통하는 것이다.

커다란 꿈을 지니고 이민 온 친구가 미국생활에 적응하지 못하고 결국 고국으로 도로 돌아가는 역이민을 한다고 한다. 조상으로부터 물려받은 야산자락이 금싸라기 땅이 되어 백억 원에 팔려 부자가 되었다니 돌아가지 않을 이유도 없어 보인다. 그와 마지막 만나는 시간에 많이 아쉬워하는 지인들을 보면서 몇 해 전 읽었던 글귀가 생각 났다. 그리고 이 소중한 인연 계속 이어가기로 하고 그를 보내주었다. 자신을 드러내 놓고 마음을 나눌 친구가 있다는 것은 축복이요 인생의 기쁨이다.

진정한 우정은 강 하나를 사이에 두고 건넌 자와 건너지 않은 자로 비유되는 것이 아니라 강물에 몸을 던져 물살을 타고 먼 길을 떠난 자와 아직 채 강물에 발도 담그지 않은 사람과 비유된다. 우정은 건너는 것이 아니라 함께 흐르는 것이다.

지켜지지 않은 약속

약속은 지켜져야 한다. 실수든 고의든 변화하는 인간의 마음 때문에 모든 약속이 아름다운 결과로 남는 것은 아니다. 그렇다고 너무 오래 마음 아파하는 것은 또 하나의 약속을 잃을 수도 있으니 때로는 지켜지지 않은 약속이 나를 배려한 약속이 될 수도 있다. 중요한 것은 그 다음이다. 서로 가슴을 열고 얼굴을 맞대고 문제를 풀어가는 것이다.

약속이란 사람과 사람 사이의 어떤 막연함을 줄이기 위해 허공에 일단 하나의 선을 그어 놓는 것이다. 약속은 서로를 배려하기 위한 것이고 지켜지지 않았을 때는 상대의 마음을 다시 보고 문제를 해결하도록 노력할 수 있는 기회이기도 하다. 그러므로 약속은 서로를 통제하는 것도 아니며 지켜지지 않은 약속 때문에 좌절할 이유도 없는 것이다. 지켜지지 않을 가능성이 있기 때문에 약속을 해 두는 것이다.

자신과의 약속은 고귀한 것이다. 훌륭한 사람은 자신과의 약속을 충실히 지켜온 사람들이다. 인생을 살아가면서 자신과 하는 약속은 우리들이 애타게 바라는 희망사항인지도 모른다. 그 약속들은 대부분 상대적이지만 그 상대는 내가 한 약속을 모르는 경우가 많다. 그렇게 가슴속에 새겨둔 자신과의 약속들이 지켜지지 않았을 때 우리는 좌절하게 되고 후회하기도 한다. 효도나 사랑, 용서나 화해 등 자신과 한 약속의 상대가 어느 순간에 사라지고 말았다.

요즘 정치가들이 신뢰를 바탕으로 한 약속이나, 갑과 을의 약속이라는 말을 많이 하고 있다. 물론 약속은 신뢰를 바탕으로 한 긍정적인 것이어야 한다. 상대방을 믿고 자신을 믿었기에 약속을 잡았다. 그러나 그 믿음에 쌍방의 진실이 담기지 못하면 약속의 결과는 부메랑이 되어 돌아온다. 약속의 표현이 애매하면 오해를 낳고 오해는 신뢰를 무너뜨린다. 두 나라 정상이 머리를 맞대고 작성한 거창한 공동성명이 삼 일의 약속으로 끝나는 것을 우리는 자주 보았다.

약속은 상대에게 기다리게 하고 준비할 시간을 요구하고 있기에 지켜지지 않을 약속은 아예 하지 않는 것이 좋다. 그것이 지켜지지 않을 자신과의 약속이었다면 우리는 헛된 삶을 살고 있는 것이다.

어린 시절의 경험

어린 시절의 경험은 물론 심지어 태아가 느낀 정서도 사람이 태어나 성장하면서 형성되는 인간성의 방향에 많은 영향을 미친다. 어린 시절 사랑하고 사랑받았던 경험을 평생 잊지 않고 산다면 당신은 남을 사랑할 줄 알고 사랑하고 있는 사람이다. 사랑의 열망은 우리에게 훌륭하고 멋진 엄마와 온전히 하나가 되었던 어린 시절을 떠올리게 한다. 어린 시절 사랑을 받고 자란 아이는 자라서 사랑을 줄줄 알며 애정을 유지하기 위해 환상에 기대지 않는다.

사랑받은 경험에 버금가는 것이 나를 믿어준 경험이다. 나의 꿈을 믿어준 사람, 나의 재능을 믿어준 사람, 그렇게 믿어준 부모나 스승과 더불어 온전히 하나가 되었던 경험, 그 경험이 한평생 나를 만들어 가고 있다. 내가 받은 믿음의 경험은 내가 남을 믿을 수 있는 지혜를 가르쳐 주었고 많은 사람들의 사랑과 존중을 한몸에 받는 사람으로 이끌어 가고 있었다.

할아버지, 할머니, 부모와 형제자매가 한집에서 함께 자라온 어린 시절의 경험은 평생 잊히지 않을 뿐만 아니라 이제는 그리움으로 변했다. 함께 가지고 서로 나누며, 사랑하고 사랑받은 경험은 가족과 가정의 중요성을 알게 하였고 공동체의 일원으로서 지켜야 할 임무를 가르쳐주었다. 세상은 혼자 사는 곳이 아니며 혼자 살 수도 없다.

삶에 소극적이거나 회의적인 영향을 미치는 어린 시절의 경험도 상당히 오래간다. 비명에 간 동생과 슬픔에 잠긴 어머니를 본 경험은 한동안 죽음과 이별의 공포에서 헤어나기 어려웠다. 자라면서 인간의 죽음을 생각하고 죽음 다음이 무엇인지를 물어보았다. 어린 시절 차별이나 부정, 패배나 좌절, 죽음 또는 이별 등의 부정적이거나 비관적인 경험은 성장과정에서 예민한 반응을 일으킨다.

어릴 때 부모의 학교에 대한 무관심과 부족한 배려는 선생님의 편견과 원칙 없는 학생평가를 가져올 수도 있다. 이때 받은 수모와 열등감은 초등학교 학생이 받은 동심의 상처로 오랫동안 기억된다. 그러나 이러한 경험은 모든 것이 공평하기 어렵고 선과 악이 공존하는 세상에서 비판적이고 부정적인 알레르기 현상으로 나타나 내 삶에 큰 영향을 주기도 한다.

적극적으로 살아야 한다

내 마음의 모닥불

원숭이 사냥법

너무 복잡하게 살지 말자

이야기꾼이 되어라

처음 2분 스피치의 힘

여럿일 때와 혼자일 때

지금 하라

마음이 가벼워졌다

제대로 미쳐야 한다

적극적으로 살아야 한다

공무원들은 영혼이 없다고 말한다. 그래서 모든 일에 적극적이지 못하다. 수동적으로 아무렇게나 끝낸 일을 두고 “It's good enough for government.”라는 말이 있다. 평범하게 직장을 다니고 있는 사람들도 가끔 적극적인 자세가 부족하다는 생각을 하게 될 것이다. 학교를 졸업하고 입사하기 위해 처음 면접에 임하던 그 열정과 초심은 잊어버린 지 오래다. 이젠 하루하루 반복되는 업무에 파묻혀 그냥 소극적으로 따라 움직이고만 있다.

모르면 남에게 묻기도 하고 잘못했다면 사과도 할 줄 알아야 한다. 실수나 실패한 일은 다시 반복되지 않게 노력하고 이런 자세로 고치고 또 도전하여 발전시키며 이렇게 계속하다 보면 절망하거나 실망할 일이 없어진다. 계속되는 도전은 삶을 적극적인 자세로 다스릴 수 있는 용기를 길러준다.

살아가면서 누구나 한 번쯤은 방황하며 살아온 순간이 있었을 것이다. 그러나 해매고 다닌 시간들이 다음을 위한 도전의 디딤돌이었다면 방황해도 괜찮다. 그리고 잠재되어 있는 많은 도전의 열기가 다시 회복되는 기회였다면 방황해도 괜찮다. 가슴 아파하며 아무것도 찾지 못하는 방황만 아니면 괜찮다.

우리는 하는 일에 자신이 없으면 소극적으로 대처하게 된다. 소극적인 마음은 상대를 설득시키지 못한다. 전쟁에서 적을 죽이지 못하면 내가 죽는다는 마음가짐으로 모든 일을 처리하는 적극성만 있으면 실패는 적을 것이다. 《삼국지》에 나오는 조조나 유비의 얄팍한 계략보다 계산된 전략과 적극성이 승리를 가져다준다는 교훈을 터득하면 좋을 것 같다. 불가능이란 존재하지 않는다. 승리를 대체할 단어가 없다는 개선장군들의 말처럼.

당신이 재벌가나 권력자의 아들이라면 수많은 요조숙녀로 보이는 여성들이 적극적으로 다가올 것이다. 희망이 있는 청년은 자신이 생각하는 이상형의 여성에게 적극적인 신뢰를 주어야 잡을 수 있다. 힘들어도 세상을 바로 살아가는 사람들이 많다는 것은 아직도 희망을 갖고 적극적으로 살아가는 당신이 존재하기 때문이다.

희망은 미래를 설계하고 꿈을 꾸는 사람만이 가질 수 있고, 병은 피하는 자를 찾아간다고 했다. 적극적으로 바르게 살아가는 당신에게는 희망이 있다.

내 마음의 모닥불

요즘은 인터넷을 통해 많은 것을 알 수 있다. 컴퓨터 한 대만 있으면 집에 앉아 그의 모든 일을 처리할 수 있는 세상에 살고 있다. 은행에도 갈 필요가 없고 관공서를 찾을 필요가 없을 뿐 아니라 직장 사무실에도 나가지 않고 영상회의도 하고, 내가 할 일을 다 하고 있다. 교회를 가지 않고도 인터넷으로 얼마든지 주일예배를 볼 수도 있다. 학교강의도 온라인으로 듣고 시험도 온라인으로 보니 꼭 학교를 매일 나갈 필요도 없게 되었다.

어떤 주어진 조건 아래서 육체적인 노동을 필요로 하지 않는 일은 어느 특정장소에 함께할 필요를 느끼지 못한다. 공동체의 활동에도 비슷한 현상이 일어나고 있다. 정말 그럴까? 그것이 능률적이고 좋은 것일까. 꼭 그렇지만은 않은 것 같아 보인다.

나는 집에 앉아 많은 자료 수집을 인터넷을 통해 할 수 있음에도 자주 도서관을 찾는다. 도서관은 오늘에 이르기까지 나에게 특별한 공간으로 사용되고 있다. 내가 도서관을 자주 찾는 이유는 도서관에는 책만 있는 곳이 아니라 사람이 있고 이야기가 있기 때문이다. 꿈과 노래가 있고, 땀과 눈물도 있으며 말없이 함께 느낄 수 있기 때문이다.

도서관에 가면 늘 나를 위한 모닥불을 찾아낼 수 있었다. 그리고 그 모닥불 앞에서 몸과 마음을 따뜻하게 데우면서 내 가슴 안에 지핀 모닥불로 다른 사람의 차가운 마음도 녹여줄 수 있었다. 옆에 앉아 책을 읽고 있는 할머니는 그 모습만으로 더 많이 그리고 더 열심히 노력하라는 메시지를 다른 사람에게 보낸다. 유치원 학생이 책을 읽는 모습은 할아버지들에게 잔잔한 충격을 준다. 이것들은 모두 다 나에게 촉매제이자 자극성 영양제가 되어주고 있다. 능률이 훨씬 많이 오르는 이유가 바로 여기에 있는 것 같이 보인다.

오래 혼자 있거나 혼자 일을 하면 이기주의적 사고가 발달하여 공동체 생활에 부정적인 영향을 미친다고 한다. 도서관은 남을 배려하고 함께하는 정신을 기를 수 있는 좋은 곳이다. 도서관의 모닥불은 하늘로 치솟는 화롯불이 되어 우리들의 몸과 마음을 덥혀준다.

원숭이 사냥법

아마존 강 밀림지대에 사는 원주민들은 특이하게 보이지만 아주 쉬운 방법으로 원숭이를 잡는다고 한다. 그들은 작은 나무상자 속에 원숭이가 좋아하는 바나나나 과자를 넣은 뒤 상자 위쪽에 원숭이의 손이 간신히 들어갈 정도의 작은 구멍을 뚫어 놓는다. 그러면 과자나 바나나를 움켜쥔 원숭이는 구멍에서 손을 빼지 못하고 있을 때 사냥꾼들에게 잡힌다. 손에 잡힌 것은 놓지 않는 원숭이의 습성을 쉽게 이용한 사냥법이라는 여행 가이드의 이야기를 듣고 왠지 모르게 씁쓸한 웃음을 지었다.

원숭이를 비웃을 일이 아님을 알았기 때문이다. 우리도 때때로 원숭이와 똑같은 어리석음을 저지르고 있지 않는가. 아무것도 아닌 것을 움켜쥔 채 끝내 손을 펴지 않아 나락으로 구르는 경우가 참으로 많이 보인다. 마음의 방향을 조금만 하늘로 높이면 움켜쥔 손을 펼

수가 있을 것 같은데. 원숭이가 진화하여 인간이 되었다지만 그 모습만 바뀌었지 마음은 별로 다름없는 것 같은 생각이 든다. 원숭이의 재주보다 인간으로서의 지혜를 좀 더 넓혀야겠다.

마음을 열지 않는 정치가들이 남에게는 마음을 비우라 외치고 내 손은 펴지 않는 재벌들이 상생을 말하고 있으니 원숭이들이 재주를 부리는 것과 다름이 없어 보인다. 그래서 공수래공수거란 말을 한 번 더 음미해 보고 싶다. 손을 펴야 악수도 할 수 있고 마음을 비워야 채울 수 있을 것인데 마음을 열지 못하고 움켜쥐어야 모두 내 것인 양 주먹을 불끈 쥐고 놓지 않는 삶을 살아가고 있는 것이 아닌가. 우리는 개미와 매미의 삶을 보면서 느끼는 것이 있을 것이다. 또한 원숭이처럼 사냥꾼의 먹이는 되지 말아야겠다는 생각이 든다.

이렇게 쉽게 잡히는 원숭이의 지능지수(IQ)는 불과 여섯 살 먹은 아이들의 지능지수와 비슷하다고 한다. 밀림지대에 사는 원시인의 지능지수가 겨우 100정도 안팎이고 인간에게 가장 가까운 침팬지의 지능지수가 무려 80인데 원숭이는 불과 6이라니 원숭이가 잡혔다고 사람에게 신호를 보내는 침팬지의 영리함을 알 수 있겠다. 움켜진 것을 놓을 줄 모르는 원숭이는 사냥꾼에게 잡히면서 우리에게 값진 교훈을 주고 있는 것임을 알아야겠다.

너무 복잡하게 살지 말자

삶이 너무 복잡하면 두뇌가 흐려진다. 좀 단순하게 살지 못하면 방향의 초점이 흐려지고 일처리도 흐려진다. 생각과 에너지가 흩어져 판단력도 흐려진다. 그래서 내가 나답게 살아가는 데 어려움을 겪는다. 단순하게 살아야 나의 일을 할 수 있고 널리 이롭게 쓰일 수 있다. 단순하게 산다는 것이 남보다 보잘것없는 일을 한다거나 많은 일을 하지 않는다는 것은 아니다.

법정 스님은 수행을 하면서도 소망이 '단순하게 사는 일'이라고 했다. 평범하고 느낌과 의지대로 자연스럽게 살고 싶다고 했다. 그 누구도 내 삶을 대신해서 살아줄 수 없기에 나는 나답게 살고 싶다고 했다. 스님도 가끔 너무 복잡하게 사는 것 같은 느낌을 갖게 되는 것 같이 보일 때가 있다.

너무 복잡하게 살지 않으려면 자신과 남을 용서할 줄 알아야 한다. 어떤 사람을 미워하거나 그의 행동을 미워하다 보면 위선 자신의 마음이 불편해진다. 조금 더 생각하고 한 발자국 물러나 뒤돌아보고 마음을 열면 많은 것이 좀 더 단순해진다. 용서하는 순간 자신의 마음은 미움의 굴레에서 벗어나 삶은 한층 업그레이드 되어간다. 용서는 남을 위한 것이기도 하겠지만 그보다 중요한 것은 자기 자신을 위한 것이다.

단순하게 살려면 자신의 잘못이나 단점을 알아야 한다. 우리는 자신의 단점이나 조금 부족한 점이 결코 부정적으로만 작용하지 않는다는 것을 경험으로 알 수 있을 것이다. 너무 복잡한 삶은 때때로 스스로를 변하게 하는 원동력을 찾을 수 없게 만들고 새로운 변화를 거부한다. 너무 복잡한 삶의 노예가 되면 새로운 변화의 기회를 놓치고 말 수도 있다. 두 가지 문제를 두고 선택의 길을 너무 복잡하게 생각하지 말자. 두 가지 중 하나는 나머지 하나의 해결책이 될 수 있음을 깨달아야한다.

복잡하게 산다는 것은 자신의 능력이나 의지를 파악하지 않고 부질없는 일에 관심을 많이 가진다는 의미이다. 우리는 쓸데없는 일에 너무 많은 시간과 정열을 소비하여 일을 더 복잡하게 만들 때가 많다. 현자는 복잡하게 살지 않으며 지자는 단순한 삶의 방향을 찾는다.

이야기꾼이 되어라

삶이 이야기를 만들고 이야기는 사람을 만들어 그들은 그것을 창작으로, 예술로 승화시킨다. 이야기가 풍부한 사람은 삶이 풍요롭고 그가 적은 글이, 그린 그림이, 작곡한 음악이 사람을 움직이고 세상을 움직인다. 세계적인 인물이란 세계적인 이야기를 만들어낸 사람들이다. 그들의 이야기가 지극히 개인적이면서도 세계적인 보편성을 가질 때 비로소 그 사람의 비범함이 드러나는 것이다.

정치, 경제, 사회, 문화, 종교를 막론하고 모든 분야의 뛰어난 지도자들은 대개 최고의 이야기꾼들이다. 그들은 주관적인 사고와 공동체의 보편타당성을 적당히 혼합할 줄 안다. 이야기꾼들은 사람들의 지성을 자극함과 동시에 대중의 마음을 사로잡는다. 말하고자 하는 바가 무엇이든 논리와 정서, 즉 현실적 요소와 예술적 구성이 잘 조화되어 진정한 메시지를 보낼 때 비로소 가장 강한 설득력을 갖는다.

이야기를 잘한다는 것은 소통을 잘한다는 뜻이다. 영국의 윈스턴 처칠 수상은 정치가 중에서 유머 감각이 뛰어난 달변의 이야기꾼이었다. 그는 정치 이야기도, 정치가 아닌 것도 국민들과 소통할 수 있게 이야기했다. 그는 의회에서 국정보고를 할 때 "훌륭한 정치가는 미래를 예언할 줄 알며, 또한 나중에 일이 예언한 대로 되지 않았을 때 그것을 잘 설명할 줄 아는 사람이다."라며 국정에 소통이 얼마나 중요한 것인가 하는 것을 재치 있게 말했다. 또한 선거 유세장에서 "가족은 어디서부터 시작되는가? 그것은 젊은 남녀가 사랑에 빠지는 것으로부터 시작된다. 이 이상 좋은 길은 아직 발견되지 않았다."라는 이야기로 안방을 파고들었다.

말을 많이 한다는 것은 의미 없는 이야기를 많이 한다는 것이지 좋은 이야기꾼이라는 말은 아니다. 말을 많이 하는 달변가는 아리송한 말을 많이 한다. 말은 적게 하더라도 사람들이 좋아하는 이야기꾼이 되어야 한다.

물론 말로서 이야기를 하는 것만은 아니다. 공자나 맹자는 말을 많이 하지 않고 아주 간단명료하게 글로 적어놓았다. 생각을 많이 할수록 말은 적어지지만 많은 훌륭한 이야기를 만들어낸다. 또한 그들은 글로 수많은 사람들이 아름다운 이야기를 만들어 내게 한다.

처음 2분 스피치의 힘

2분 연설의 힘, 당신 연설의 성공과 실패는 처음 1~2분의 연설을 어떻게 시작하느냐에 달렸다. 처음 1~2분 내에 청중들이 당신의 연설에 귀를 기울이지 않는다면 그 뒤의 긴 연설은 아무 소용이 없다. 청중들은 당신의 연설에 기대는 하지만 인내심이 없으며 후한 점수를 주려고 할 이유가 없기 때문이다. 청중들을 사로잡지 못하면 그들의 무관심과 지루함만 가져와 당신의 경쟁자만 유리하게 만드는 역효과를 가져오고 만다.

링컨 대통령의 2분짜리 게티즈버그 연설이 유명한 이유는 어디 있을까? 그의 연설은 단순한 연설이 아니었다. 평생의 고난을 통해 고양되고 위대해진 훌륭한 전신에서 나온 진솔하고 신성한 표현이었다. 청중이 공감할 수 있는 마음속 깊숙한 곳에서 솟아나온 서정시며 위엄 있고, 아름다움 그 자체였고, 현실을 직시하고 미래를 꿈꾸는 심오한 서사시의 낭랑한 울림이었다.

그의 연설을 일컬어 미국 사람들은 불멸의 '무의식의 서사시'라 부르고 있다. 미국의 미래를 바꾸고 세계의 방향을 바꾸고 인류의 정신과 삶을 바꾸었다. 가슴 깊은 곳, 훌륭한 정신에서 솟구쳐 나온 것이면 2분의 스피치로도 충분한 것이다. 자신을 리더로 만들고 미래를 향한 방향을 제시해 주는 데는 2분의 시간이면 충분하다고 한다.

미국의 대기업 경영진은 회사경영을 위한 교육을 많이 받는다. 사원을 관리하고 회사경영방법을 연구하고 발표하는 세미나와 컨퍼런스에 많이 참석한다. 새로운 회사경영이나 인사관리 아이디어를 배우고 연구하여 누구보다 먼저 회사에 공헌해야 살아남는다. 회사 중역을 위한 교육에서 나의 아이디어를 회사에 발표하는 시간에 2분의 스피치 원리를 중요하게 가르친다. 처음 2분의 연설이 당신을 사장으로 승진시키거나 조기 명예퇴직을 결정할 기회를 만든다. 참석한 중역들은 나의 동료이자 경쟁자이다.

처음 2분의 짧은 시간에 사람들은 당신의 연설을 적극적으로 들을 준비가 되어있지 않음을 알아야한다. 허를 찌를 발상이 없다면 재치 있는 유머로 듣는 사람과 하는 사람 모두를 편안하게 만들어야 한다. 처음 2분의 기회는 두 번 오지 않는다.

여럿일 때와 혼자일 때

사람은 여럿이 어울리는 시간도 필요하고 혼자만의 시간과 공간을 갖는 것도 필요하다. 여럿이 함께할 때는 공동체의식, 파트너십, 팔로우십, 서번트십이 있어야 하고 생기지만 혼자일 때는 자기성찰과 명상, 그리고 마음의 수련이 조용히 이루어져야 한다. 함께하는 것은 여럿이어서 좋았고 혼자는 혼자였기에 좋았다는 것을 알 수 있다.

인간은 나 외의 다른 것과 상관되어 함께하고자 하는 상대적인 욕망과 혼자만의 절대적인 시간과 공간을 추구하고자 하는 상반되는 욕망을 동시에 갖고 있다. 알아야 할 것은 이 두 가지 욕망이 균형을 이룰 수 있게 노력하며 살아가는 것이다. 삶에 있어서 속도가 중요한 것이 아니라 방향과 깊이가 중요한 이유가 여기에 있다.

소중한 것은 마음으로 보아야 하기에 눈에 잘 보이지 않는다. 어떤 마음으로 보느냐가 중요한 것인데 똑같은 것이라도 여럿이 함께 보는 것과 혼자 볼 때 그 뜻이 다르고 모양이 달리 보인다. 살아가면서 혼자일 때나 여럿이 보는 하나가 어렴풋이나마 비슷하게 보일 때 또는 그 느낌의 밸런스를 잡을 수 있을 때 삶의 방향과 깊이가 정해진다.

혼자 사랑을 꿈꿀 때와 둘이서 사랑을 이야기할 때 사랑의 느낌이 다르다. 혼자 꿈꾸는 사랑은 지극히 환상적이기에 아주 아름답지만 둘이 나누는 사람은 현실적임으로 희생을 동반한다. 로미오와 줄리엣의 사랑이 마음을 울리고 평생을 사랑하며 함께해온 부부의 모습이 존경스럽게 보인다. 혼자 느끼는 사랑은 애절하지만 둘이서 공유하는 사랑은 문제와 해답을 제공해 준다. 균형 잡힌 사랑은 로맨틱하면서도 배려하는 사랑이다.

혼자 길을 걸을 때는 내가 길을 따라가는 것처럼 느껴지지만 여럿이 걸으면 우리가 길을 정복한 기분이다. 길은 나를 만들지만 우리는 길을 만드는 것이다. 혼자 돈을 보면 소득과 독점을 생각하겠지만 여럿이 보면 분배와 공유를 추구한다. 혼자서 보는 달은 나를 생각에 잠기에 하지만 여럿이 함께 보면 우리가 달나라에 가있다. 혼자 보내는 시간은 지루하지만 여럿일 때는 빨리 가고 있다. 혼자일 때 사색에 잠기고 여럿일 때 욕망의 조화를 이루는 것을 배우고 싶다.

지금 하라

에르네스트 푸이가 말하기를 "기회를 난폭하게 잡은 남자를 여자는 경우에 따라 용서할 수가 있으나 기회를 놓친 남자는 용서하지 못한다."고 했다. 삶에 있어 용기를 가지고 기회를 놓치지 않는 것이 중요한 것임을 유머 서럽게 표현한 말이다.

만일 우리가 지금 이 순간이 기회임을 알았다면 곧바로 실행에 옮겨야 한다. 인생에는 누구에게나 세 번의 기회가 주어진다고 한다. 그러나 우리는 그 기회들을 몰라서 놓치고, 남의 눈치 보며 용기가 없어 놓치고, 마지막 기회마저 너무 늦었다며 반환한다고 한다. 이 소중한 기회들을 나 혼자만이 아니고 많은 사람들이 놓치고 있으니 함께 살고 따라 사는 처지가 되고 말지 않았나 느껴진다.

그러니 지금 말하십시오, 사랑한다고…, 사랑을 느끼고 목소리가 들리면 그는 당신 곁에 머물 것입니다. 사랑을 표현하지 않으면 누구의 사랑도 받지 못할 것입니다. 지금 말하십시오. 사랑하고 싶으면…, 너무 늦기 전에.

그러니 지금 사랑하십시오. 행복해지고 싶다면 지금 사랑하십시오, 내 가족을, 내 친구를, 우리 모두를. 사랑을 전할 수 있는 날은 영원하지가 않습니다. 부모님은 슬픔과 후회를 남기고 떠나고 자식은 사랑할 기회도 없이 떠나가 버립니다.

그러니 지금 말하십시오. 고맙다는 친절한 말 한마디…, 그 말을 옆에 있는 사람에게 지금 전하십시오. 당신이 머뭇거리고 있는 동안 그는 떠나버릴 것이고 똑같은 기회는 다시 오지 않을지도 모릅니다.

그러니 지금 하세요. 하고 싶은 일이 있으면 미루지 말고 지금 시작하세요. 그 일을 할 수 있는 기회가 당신으로부터 더 멀어져 가기 전에…, 지나간 후면 아무리 애써 손을 뻗어도 닿지 않는 날이 다가오고 있으니까요.

그러니 지금 하세요. 뜰에 꽃을 피우고 싶으면 지금 뜰에 나가 나무를 심고 꽃씨를 뿌리세요. 그렇게 하지 않으면 당신은 언제나 꽃을 바라보는 사람일 뿐 꽃을 피우고 꽃과 함께하는 사람은 될 수 없을 것입니다.

그러니 지금 행복의 씨앗을 뿌리십시오. 잡초가 우거지기 전에…, 묵은 씨앗은 새싹을 내지 못합니다. 지금 뿌리지 않으면 잡초가 우거진 밭에 행복의 씨앗은 뿌리 내리기 어려워집니다.

마음이 가벼워졌다

방향도 잘 모르고 한 발자국 두 발자국 내딛는 발걸음이 천근만근 무거웠다. 잠시 쉬어가려니 멈춰 서기도, 앉기도, 벤치에 누워 눈을 감고 숨을 돌리기도 힘이 들었다. 마음을 비워야 발걸음이 가벼워진다는 것임을 알지 못했다. 솜털만 한 작은 여유가 하루 일상에 생기를 주고 삶을 바뀌게 한다는 것을 알지 못하고 앞만 보고 달리려고 무리하고 있었다.

목에 힘을 빼니 내가 세운 자존심과 나를 누르던 타인의 기대와 관심에서 가벼워졌다. 욕심이 들어가 충혈이 된 눈에 힘을 빼니 내 앞에 보이던 편견이 많이 사라짐을 느꼈다. 나이가 들면서 채워 넣기에 급급했던 삶이 조금씩 비워내는 삶으로 바뀌는 것을 느꼈을 때 발걸음부터 가벼워짐을 알았다.

나는 한동안 미국 화학분야에서 나름대로 명성을 날리며 인정받고 있었다. 그로 인해 학술발표회에서 어떤 질문에 잘 모르겠다고 대답하는 것을 내 자존심이 용납하지 않았다. 지금은 유명세를 타고 있는 위치에 있지만 내가 살아온 사회의 현실적인 모순과 성장과정에서 겪은 거리감으로 인해 나보다 나아보이는 학자들을 잘 받아들이지 못하는 거부감이 마음속에 자리 잡고 있었다.

나는 연구실에서 새로운 것을 만들어 내고 누구에게도 지지 않으려고 노력하였다. 새로운 학술논문을 발표하고 신기한 것을 발명하여 발명이 창조인 양 자만심에 들떠있기도 했었다. 어느 날 발명특허 신청서를 작성하면서 나는 지금까지 느껴보지 못한 충격을 받았다. 내가 만든 것은 이미 존재하는 물체를 가지고 응용 또는 변형시킨 것이지 무에서 유를 창조하는 것과는 거리가 멀고 차원이 다른 것임을 늦게나마 알게 되었다. 인격은 겸손해질수록 더욱더 훌륭해진다는 교훈을 받았다.

수천만 명이 살고 있는 이 화려한 도시가 나에게는 외롭게 느껴지는 것은 부모형제가 없는 외국에서 오래 살아온 세월의 탓만은 아니었다. 내가 내 자신을 외롭게 만들고 있었다. 남을 인정하면서 나의 존재를 확인하고 창조와 발명의 차이를 알게 되는 데까지는 오랜 세월이 걸렸다. 이제는 발걸음이 가벼워지고 마음이 편해졌다. 마음을 비우는 작은 변화가 내 삶의 방향을 바꿔주는 것임을 늦게나마 알게 된 것이다. 마음이 가벼워진 곳에 아름다운 영혼이 자리 잡으니 몸은 날개를 달고 하늘을 날게 되었다.

제대로 미쳐야 한다

이성을 잃었거나 정신없는 일을 하는 사람을 우리는 미친 사람이라고 부른다. 또한 좋은 일이나 한 가지 일에 몰두하는 사람을 우리는 무엇에 제대로 미쳤다고 말한다. 그는 공부에 미쳤다, 골프에 미쳤다, 아니면 일에 미쳤다라고 한다. 그렇지만 아무나 제대로 미친 사람이되기는 어렵다. 어떤 목적을 향해 꿈이 있는 사람, 그 너머에 꿈 넘어 꿈이 있는 사람, 그것을 생각하며 가슴이 뛰는 사람만이 제대로 미칠 수 있다.

제대로 미친 사람만이 어느 목적을 위해 새 길을 낼 수도 있고 좋은 길을 낼 수도 있다. 그래서 당신은 제대로 미쳐야 한다. 또한 미치려면 또는 미쳤다라고 말할 때 분명한 이유가 있어야 하는데 이것은 정신병에 걸렸다는 말이 아니라 자기가 옳다고 하는 일에 몰입하는 것이다. 이것만이 옳은 길이고 이것밖에 다른 길이 없다고 결정하고 자신의 목숨이라도 걸 때 제대로 미쳤다고 말한다. 가슴에 타고 있는 불을 아무도 끄지 못할 때 그는 제대로 미친 사람이 되는 것이다.

우리는 살아오면서 제대로 미쳐본 적이 있었을 것이다. 제대로 미쳐본 적이 많을수록 얻은 것도 많았을 것이다. 물론 부적절한 일을 한 결과에 대해 미친 짓을 했다고 지탄을 받은 적도 있었을 것이다. 사랑에 미쳐본 적도 있었을 것이고 물질이나 명예에 미쳐보았을 때도 있었을 것이다. 결과에 따라 성취감이나 자신감에 만족했을 때도 있었을 것이고 가슴을 앓으며 이를 악물었을 때도 있었을 것이다.

그러나 미친 사람이 미쳤던 일에 성공하여 목적을 달성하면 우리는 그를 미친 사람이라고 부르지 않는다. 제대로 미치지 않고서는 성공할 수 없었다는 것을 알기 때문이다. 미치고 싶을 때는 혼신을 다해 제대로 미쳐야 한다, 그래야 비록 이루지 못한 것이 있더라도 미련이나 후회가 없을 것이다. 부모가 자식을 미친 듯이 사랑하고 정치인이 나라를 미친 듯이 사랑해야 할 이유가 여기에 있다. 올바른 자식을 둔 부모나 나라를 제대로 지켜온 정치인을 우리는 미친 사람이라고 부르지 않는다. 제대로 미친 사람은 남을 미치게 하지 않는다.

사람은 누구나 제대로 미쳐야 한다. 그래야 나중에 미친 사람으로 불리지 않는다. 오직 나만을 위해 미친 것은 제대로 미친 것이 아니다.

4

한마디의 말이 준 상처

당신은 고민이 없지요

좋은 글은 내 것을 쓸 때

외로움과 고독의 차이

진정한 자유

소명을 발견했을 때

글을 쓰는 즐거움

이것이 판사의 수준이다

눈 뜨면 맨 먼저 보이는 사람

한마디의 말이 준 상처

어제와는 전혀 다른 새로운 하루가 시작되는 새벽에 나는 기도를 바친다. 특별한 형식에 얽매인 기도보다 고요한 새벽에 바치는 마음 수련의 기도는 바르게 사는 삶의 길을 가르쳐준다. 새벽은 또 다른 하루의 시작이기에 어제 하루 동안 내가 한 말과 행동을 더듬어보며 지워야할 것들은 마음속에 담아두지 말고 잘못이 있으면 용서를 구하여 마음을 정화시키면 행복한 하루가 시작됨을 느낀다.

말과 행동에 있어서 범죄는 어떤 행동의 결과이기에 벌을 받을 수 있지만 잘못 내뱉은 말은 사람과 사람 사이에 많은 상처를 주고받는다. 그렇다고 무조건 침묵하는 것도 좋은 것만은 아니다. 당신을 향해 보낸 말들이 그대를 가슴 아프게 했음을, 당신에게 말없이 대해 온 나의 오랜 침묵이 서로의 가슴을 문 닫게 했을 뿐만 아니라 그 힘든 세월을 숨기며 살아온 당신을 한 번도 어루만지지 못했음을 알아야 한다.

말은 씨가 되고, 어 다르고 아 다르다고 한다. 천 냥 빚도 말 한마디로 갚는다는 옛말은 진심이 담긴 말을 하는 것이 얼마나 중요한지를 가르쳐준다. 억양과 소리의 크기에 따라 말하는 이와 듣는 이의 느낌이 달라진다. 사람들이 남의 말에 토를 많이 다는 이유도 바로 여기에 있다. 아무렇지도 않게 내뱉은 한마디가 정말 실수였는지 아니면 어느 한구석에 내가 하고 싶은 뜻이 담겨있는지는 말을 한 사람만 알고 있을 것이다. 그래서 오해라는 말을 적당히 이용하는 것이다. 수많은 정치가들의 말을 생각하니 하루 종일 웃음이 나온 것 같다.

또한 말을 하지 않아도 얼굴이나 몸짓은 마음의 상태를 그대로 나타내는 것이기 때문에 침묵으로도 많은 메시지를 전한다. 말없이 미소를 짓고 손을 벌리면 아기는 그 사람의 얼굴을 보고 품에 안길 것인지 울며 돌아설 것인지를 결정한다. 침묵으로서 등을 돌리게 하지 않을 것이며 내뱉은 말 한마디로 남에게 상처를 주는 일은 더더욱 없어야할 것이다. 남을 배려하는 말과 침묵은 화해할 수 있는 인격의 소산이다.

새벽에는 순수한 마음과 진심이 담긴 말로서 용서를 청하며 기도드리자. 양념을 하지 않은 푸성귀 같은 말은 진심에서만 나온다.

당신은 고민이 없지요

비가 부슬부슬 내리는 오후 사람들의 발길도 뜸한 절간에서 불공을 드리고 나오는 할머니가 스님을 만났다. 합장을 하며 인사를 나눈 할머니는 "스님은 고민이 없지요?" 하는 질문인지 푸념인지 한숨 섞인 한마디를 하시고는 나무아미타불을 외우며 경내 삼층 석탑을 돌며 불공을 드리고 있었다.

그 말을 들었는지 지나 가던 스님의 발걸음이 얼어붙었다. 하늘을 몇 번 우러러 보고 땅을 몇 번 내려다보며 생각에 잠긴 스님은 염주를 손에 들고 방향을 바꾸어 대웅전으로 향하였다. 동료 스님과 함께 저녁식사 준비를 해야 하는 것도 잊어버리고 부처님 앞에서 조금 전 할머니가 던진 한마디 생각에 몰두하고 있었다.

조용히 대웅전을 나온 스님이 아직도 탑을 돌며 기도하고 있는 할머니 곁으로 다가가 "할머니는 무슨 근심걱정이 그렇게 많으세요?"

하고 물었다. "후유, 스님은 모르지요." 나직이 말하는 대답보다 할머니의 한숨소리가 나에게는 더 크게 들렸다. 그리고 할머니는 나무아미타불, 스님은 관세음보살 하며 합장 기도하였다.

스님은 녹차 한 잔으로 몸을 녹인 할머니에게 나도 고민이 없는 것이 아닙니다. 부처님 가르침 대로 했더니 근심걱정이 많이 없어졌을 뿐입니다. 세월의 주름살이 덮인 얼굴에 미소를 띠며 반신반의하는 할머니께 "보살님, 일주일 내내 모든 근심걱정과 고민을 다 모아 두었다가 일주일에 한 번, 수요일 날에만 해보세요. 많은 고민이 부질없는 것이었고, 소용없는 것이었음을 다는 것을 알게 됩니다. 그렇게 하면 고민하는 수요일만 빼고 다른 6일은 근심걱정 없는 날이 되지 않겠어요?"

"스님이라고 왜 고민이 없겠습니까? 이 세상에 근심걱정 없는 사람은 없습니다." 제가 제일 고민이 많다고 대답하는 스님은, 수행자가 아무리 공부를 하고 수련을 해도 부처님의 진정한 가르침을 다 터득하지 못해 중생들이 근심걱정 없이 살아갈 수 있는 세상을 이룩하지 못했으니 이보다 더 큰 고민이 어디 있겠느냐고 했다. 결국 가진 것이 많을수록 고민도 많아지니 마음을 비우면 근심걱정도 그만큼 줄어든다는 것이었다.

"제가 스님을 잘 알아보았네요. 스님은 가진 것도 없고, 마음을 비우고 수행하고 있지요. 그리고 오늘은 수요일도 아니니…관세음보살."

좋은 글은 내 것을 쓸 때

처음 글을 쓰기 시작했을 때는 많은 시간과 노력이 필요했었다. 남보다 다른 이야기를 하고 싶다면 남과는 다른 말로 적어보라는 Fitzgerald의 조언이 내게는 버팀목이 되었지만 그렇게 쉽지는 않았다. 특별히 타고난 재능이나 소질이 없는 사람에게는 남의 글을 많이 읽고 소화시켜 내 것으로 만드는 것이 글을 쓸 수 있는 하나의 방법이었다. 그러다 보니 가끔 잘못 인용하여 표절이니 도용이니 하는 말이 나오고 있다.

내가 창작공부를 할 때 교수님이 '산'을 제목으로 한시 세 편을 주면서 마음에 드는 것을 골라 보라고 하였다. 그는 논평에서 1번은 유명 문구를 많이 넣었으니 꽤 아는 척하는 사람이고 2번은 격에도 맞지 않은 형용사를 총동원하여 적었으니 너무 감성적인 것 같으며 3번은 있는 그대로 느낀 것을 조리 있게 표현하였으니 제일 좋은 것 같다고 하였다. 즉 나만의 이야기를 나만의 글로 쓰라는 것이었다.

남과 다른 말로 이야기하라는 Fitzgerald의 말은 남의 이야기가 아닌 나의 이야기를 나의 글로 쓰라는 뜻이었다. 문제는 나의 이야기가 너무 평범하거나 무엇인가 뜻하는 것이 없으면 독자에게 다가가지 못하는 것이다. 새롭고 재미있고, 감동이나 공감을 이끌어 내는 글이 좋은 글이다. 글은 머리로 쓰는 것이 아니고 가슴으로 쓴다는 말이다.

나의 삶이 나의 이야기를 만들고 그것을 꾸밈없이 진솔하게 고운 언어로 형상화 시킨 것이 좋은 글이다. 남의 슬픔을 글로 쓰려면 그의 슬픈 이야기를 나의 슬픔, 나의 눈물로 완전하게 바꾸어야 한다. 이 말은 내가 완벽하게 소화시키지 못한 이야기를 글로 쓰지 말라는 말이다. 그러다 보면 남의 말과 글을 부적절하게 인용하게 되고 필요외의 형용사나 부사를 많이 동원하게 된다. 독자는 속아 넘어가지 않으며 혹독한 평가를 내린다.

틀에 얽매인 글이 보수적이라면 Freestyle은 오늘날 자유분방한 진보성향의 추세다. 20세기의 이야기일지라도 21세기 독자들의 가슴을 파고들려면 나의 이야기들을 남과 다른 말과 글로 시대에 맞게 쓸 수 있어야 한다. 남의 일이나 마음이라도 내 것으로 소화시켜 나의 말과 글로 쓰는 것이 나의 이야기를 쓴 글이다. 독자가 그렇게 믿을 때 나는 좋은 글을 쓰는 사람이 될 것이다.

외로움과 고독의 차이

역설적이게도 인간은 혼자 있을 때 타인의 입장을 이해할 수 있게 된다. 여럿이 있을 때는 자신이 타인에게 인정받고 있다고 한다. 여러 사람이 함께 사는 세상에는 이해하기 어려운 인간관계가 많이 있지만 인간은 역시 혼자 고독을 느낄 때 많은 것이 이해되어진다. 고독은 당신을 자기 자신과 만날 수 있는 시간을 제공하고 주변에 있는 사람들을 있는 그대로 받아들일 수 있게 하여 그들을 이해할 수 있게 할 뿐만 아니라 그들에 대해 아는 것이 별로 없다는 것 또한 깨닫게 한다.

독일의 20세기 기독교 철학자 폴 틸리히 Paul Tillich는 "외로움이란 홀로 있는 괴로움을 표현하는 것이며 고독은 홀로 있는 영광을 의미한다."고 했다. 외로움을 느낀다는 것은 홀로 있는 괴로움을 벗어나 다른 사람으로부터 관심을 받고자 하는 것이지만 고독함을 느끼는 것은 진정한 소통의 길을 찾아 나를 알고 남을 이해하게 하는 기회를 가져다 준다. 우리는 고독을 받아들이고 한 걸음 더 나아가 고독을 즐길 줄 아는 지혜가 필요하다.

핵가족 시대인 오늘날 노인들 못지않게 젊은이들이 외로움과 고독을 느끼며 산다고 한다. 낮에는 직장에서 학교에서 스마트폰과 디지털 기기로 항상 타인과 연결되어 있지만 밤 늦게 집에 돌아오면 아무도 없다. 이때 외로움을 느끼는 청년은 TV를 보거나 포장마차를 찾아 나서고 고독을 접하는 젊은이는 글을 쓰거나 책을 읽기 시작한다고 한다. 외로움을 느끼는 자는 잠을 자려고 애써보지만 고독에 잠기는 사람은 꿈을 꾼다고 한다.

형무소에서 외로움을 느끼는 자에게는 절망과 사방을 둘러싸고 있는 벽만 보이지만, 고독을 맛보는 자는 나갈 수 있는 문과 바깥의 푸른 하늘을 본다고 했다. 외로울 때나 고독과 함께할 때는 추억을 되살려 보게 된다. 그러나 추억의 감상에서 깨어나 희망을 찾을 수 있어야 한다. 홀로 있는 괴로움이 고독으로 변하면, 자신을 만나고 타인에게 좀 더 가까이 다가갈 수 있게 됨을 알 수 있다.

그때 사람들은 혼자 조용히 여행을 하거나 쉬고 싶어진다. 앞만 보고 달려야 하는 세상에서 뒤를 돌아보는 여유를 가지는 것, 그것이 외로움을 넘어 고독의 가치를 알게 되는 길이다.

진정한 자유

진정한 자유란 무엇인가? 독립투사나 자유가 아니면 죽음을 달라고 외치는 민주주의를 위한 열사들의 말같이 들린다. 그런 거창한 것을 말하려는 것이 아니고. 자유란 모든 것을 내 마음대로 할 수 있는 것이 자유일까? 이것도 아니라는 것을 우리는 알고 있을 것이다. 그러면 진정한 자유는 무엇인지 생각해 보았는가. 한 걸음 더 나아가 진정한 자유를 위해 내가 무엇을 해야 하는지를 생각해 보았는가. 이따금 우리들이 스스로 묻는 질문일 것이다.

한국에서 본 것 중에 식당에서 시끄럽게 뛰어다니는 아이들이 눈에 너무 거슬렸다. 조용히 하라고 말하는 사람에게 자유롭게 놀고 있는 아이들에게 왜 야단이냐고 대꾸하는 엄마를 보고 나는 말문이 닫히고 말았다. 시장골목에서나 길거리에서도 이와 비슷한 일들을 많이 볼 수 있다. 내가 말하는 자유라는 것으로 남의 희생을 요구한다면 이것은 자유가 아닐 것이다.

광야에서 뛰어다니는 동물들을 보고 그들의 자유로움을 말할 수 있을 것이다. 산과 들에 핀 꽃이나 나무들을 보고 비슷한 표현을 쓸 수도 있을 것이다. 그러나 이들은 자유를 독점하고 만끽할 줄은 알지만 자유를 공유함으로써 더 큰 자유를 얻을 수 있는 지혜나 능력이 없다. 이것이 인간의 자유와 다른 것이다.

공산독재국가에서도 자유가 있다고 말하는 것은 나름대로 논리가 있다. 물론 자유민주국가에서 말하는 자유에도 모순이 없는 것은 아니다. 이것은 정치적인 것에 의한 제도적 문제이지 자유의 본질적인 문제가 아니다. 둘 다 인간 본연의 자유를 구속해야 하는 정도의 차이가 있을 뿐이다. 문제는 자유의 뜻은 하나이며 진정한 자유는 너와 내가 함께 누릴 수 있는 것이다.

진정한 자유란 일상의 작은 일에 집중하고 자각하여 다른 사람을 걱정하고 배려하고 사랑하는 것이며 그로부터 생겨나는 희생을 감수하는 것이다. 그것이 나를 자유로운 사람으로 만들고 내 주변의 다른 많은 사람도 자유롭게 해주게 된다. 때문에 진실로 중요한 자유는 자제심과 노력으로 타인에 대하여 진심으로 걱정하고 동반자로서 함께할 수 있는 능력을 수반하는 것이다.

소명을 발견했을 때

사람마다 세상에 태어난 이유는 그 사람만이 할 수 있는 소명이 있기 때문이라고 한다. 이 소명에는 나의 생명과 영혼이 담겨있으니 살아가면서 자신의 소명을 발견하여 삶의 목표로 정하고 혼신의 힘을 기울이면 인생은 더욱더 의미 있고 빛이 날 것이다. 소명은 내가 나로 존재하는 이유, 세상에서 나만이 만들어 낼 수 있는 가치, 내가 하지 않으면 다른 누구도 할 수 없는 그 무엇일 것이다.

소명을 발견하는 시기는 사람마다 다른 것 같다. 나의 경우에는 40년에 가까운 인생 경험이 필요했듯이 그동안에 살아온 경험 하나하나가 지금의 내 소명의 기초를 이루고 있음을 알게 되었다. 그러나 나의 혼이 담긴 소명을 발견하려는 준비가 없으면 아무렇게나 찾아지지 않는다. 한 해를 마무리하는 섣달 그믐날이나 새해를 맞이하는 아침 새벽녘에 지금까지 생각지 못한 나의 소명을 발견할 때가 있었다.

소명은 너무 늦게 찾아 알게 되면 후회될 수도 있지만 꼭 빨리 발견한다고 좋은 것만은 아니다. 그리고 소명은 외적인 영향에 좌우되거나 타인이 찾아주는 것이 아니고 내 자신이 찾아야 하지만 부모나 스승은 우리의 소명을 찾는 데 길잡이가 되어준다. 맹모삼천孟母三遷의 배려나 제갈량의 계자서에 담긴 아들을 위한 담박영정淡泊寧靜의 교훈이 잘 말해주고 있다.

사람들에게 주어진 저마다 다른 소명은 우리들과 함께 살아가면서 자라고 변한다고 하였다. 사람은 또한 그 소명을 성취할 수 있는 지혜도 갖고 태어났으니 그 지혜를 발견하여 능력으로 승화시키면 소명은 이루어진다. 태양을 등지고 있는 사람에게는 그림자만 보이듯이 빛은 바라보는 자에게만 보이며 소명은 찾는 자에게만 나타나는 것이다.

나의 소명이 무엇인가를 묻지 말고 내가 왜 이 세상에 태어났을까라고 스스로에게 물어보아라. 그 답을 찾아 목적을 향해 부끄러움 없이 노력하면 인생은 더욱더 의미 있는 삶이 될 것이다. 이것이 소명의 발견이다. 실패한다고 좌절하지 말아야 할 이유가 여기에 있는 것이다. 실패는 또 다른 소명으로 우리를 인도해주며 다시 도전할 때 우리들의 삶은 보람이 있는 것이다. 태어난 이유도 모르고 아무 목적 없는 삶을 살 수는 없지 않은가.

글을 쓰는 즐거움

젊었을 때는 친구가 많은 것으로 알았다. 물론 친구가 몇이나 되나 하고 세어보지는 않았다. 그러나 나이가 들면서 나에게 친구가 그리 많지 않음을 느꼈다. 진정한 친구가 몇이나 되는지 이제야 세어보지만 손가락 다섯 개가 부족하지 않은 것 같다. 또한 나를 진정한 친구로 생각하고 있는 사람은 몇이나 될까 생각하면 그보다 더 적어 보인다. 내가 남에게 얼마나 진정한 친구가 되어주며 살아왔는지 생각하면 부끄럽기만 하다.

외국에 오래 살면서 한국인이 아닌 사람과 친구가 되기도 하였다. 그러나 왠지 모르게 그때뿐인 것 같은 기분이다. 아무래도 언어와 민족, 풍속과 정서 등 백그라운드가 다른 점에서 오는 것인지도 모르겠다. 수십 년 전의 고향친구가 오늘도 그리워짐은 웬일일까.

나에게도 진정한 친구, 그리고 나를 진정한 친구로 기억하고 있을 친구 한두 명은 있는 것 같아 그들에게 친구가 있어 즐거웠다는 글을 쓰고 싶다. 인생의 황혼에 즈음하여 나는 친구를 생각하며 그동안 고마웠고 사랑했노라고 말하고 싶다. 멀리 살다 보니 자주 만나지는 못해도 우정은 별과 같아서 낮에는 눈으로 보지 못하지만 내가 필요할 때는 그곳에 있었고 어느 순간엔가 때를 맞추어 불꽃같이 가슴을 가득히 매우는 것을 잘 알고 있다고.

세월이 가고 삶이 바뀌면서 혼자 섭섭하고 혼자 씁쓸할 때도 있었지만 변하지 않는 친구가 한결같이 그 자리에 있었다는 것을 알게 되었다. 때로는 커다란 기쁨과 웃음을 주었고 내가 어려울 때 친구가 걸어온 한 통화의 전화는 외로운 마음과 아픔의 눈물을 씻어줄 때도 있었다. 그래서 누군가 그대를 아름답고 고마운 친구로 기억하고 있음을 전하고 싶다.

함께한 친구는 우리를 행복하게 하였고 죽음이 있기에 삶이 더 소중하게 보이고 이별이 있기에 사랑이 더 아름다워 보이듯 인생은 슬픔이 있기에 기쁨이 더 값진 것을 알 수 있음을 알았으니 어려울 때 손을 잡아준 친구에게 고마움을 전하고 싶다. 그런 친구를 생각하면 내 마음에 여유가 생기고 이 글을 쓰고 싶었다.

이것이 판사의 수준이다

요즘 판사들은 국민이 납득하기 어려운 판결들을 많이 내린다. 검사의 수사나 공소는 더욱더 말할 것 없이 법의 원칙과 상식이 적용되지 않고 있다. 어떤 근거와 기준으로 공소를 결정하고 판결을 내리는지 이해되지 않는 경우가 너무 많이 보인다. 유전무죄는 보편화되어 버렸고 상식적으로 이해되지 않는 공소나 판결이 비일비재하고 있으니 검찰이나 사법부의 불신은 그들 자신이 자초한 결과이다.

어느 교회 바로 옆에 술집이 하나 개업했다. 나름대로의 경건한 분위기가 필요하다고 믿고 있는 교회 바로 옆에 술집이 들어서서 소란을 피우고 술에 취한 사람들의 고성방가와 싸움소리 그리고 화려하게 차려입은 젊은 여자들의 웃음소리가 교회 예배당 안까지 여과없이 들려오고 있었다. 교회의 분위기는 많이 어수선해지고 신도들의 불만이 쌓이기 시작했다. 드디어 목사와 신도들은 "하나님, 어떻게 해서라도 이 술집이 망하게 해 주소서." 하고 기도를 드렸다.

그런데 그 술집이 개업한 지 100여 일도 채 되지 않은 어느 날 어찌 된 일인지 그 술집에 원인을 알 수 없는 불이 나 거의 다 태워버렸다. 주인은 영업을 재개할 수 없을 정도로 타버린 술집을 쳐다보며 비통한 마음으로 폐업신고를 할 준비를 하고 있었다. 술집 주인은 너무도 억울한 생각에 분통이 터져 누가 내 술집에 불이 나게 했을까 곰곰이 생각하던 중 이를 악물고 가슴을 치며 그 옆에 인접한 교회를 상대로 고소를 했다.

재판정에서 만난 술집 주인과 교회의 신도대표는 판사 앞에서 선서하고 고소를 하게된 사연을 진술하기 시작했다. 술집 주인은 이 교회에서 매일 같이 우리 술집을 증오하고 망하게 해 달라고 기도한 결과 불이 났다고 진술했다. 그다음으로 교회의 신도 대표는 이렇게 반박했다.

"무슨 소리입니까? 기도한다고 불이 납니까? 그게 상식적으로 말이 됩니까? 기도한 대로 되는 것을 본 사람은 나와 보세요."

그러자 원고와 피고의 진술을 다 듣고 난 판사는 자기 나름대로의 위엄을 잔뜩 부리며 아래와 같은 판결문을 읽어 내려갔다. 술집 주인은 하느님의 존재와 기도의 능력을 믿고 있는 사람이니 천당에 가서 하느님으로부터 손해배상을 받으시고 신도대표로 나오신 분은 하느님에 대한 확신이 없고 기도의 신비와 능력을 믿지 않으니 앞으로는 기도를 절대로 하지 말 것을 선고합니다.

눈 뜨면 맨 먼저 보이는 사람

요즘에는 섬뜩하게 들리는 농담들이 너무 많다. 나이 80이 넘은 남편이 아침 잠자리에서 막 깨어나려는데 옆에 있던 부인이 왜 눈을 뜨느냐면서 주먹을 날렸다는 웃지 못 할 농담을 가끔 듣는다. 눈 뜨면 제일 먼저 보이는 사람이 당신이라는 것이 너무도 지겹다고 했다. 구박받고 고생하며 살아오다 한이 맺힌 여성들의 한풀이인지 아니면 이제는 남녀평등의 시대임을 알라는 경고장인지 모르겠다.

나에게 가장 가까운 사람은 눈을 뜨면 제일 먼저 마주 보는 사람일 것이다. 내가 가장 사랑하는 사람이다. 그 사람이 흔들어 깨운 기적에 새로운 하루가 시작되고 그 사람이 남긴 감미로운 손길에 어제와는 전혀 다른 사람으로 다시 태어난다. 나는 매일 아침 가까이 있는 빵집에 들러 이제 막 구워낸 따끈따끈한 빵을 사오면 아내는 커피를 내리고 과일을 깎아 아침식사를 준비하고 있었다. 들어오며 차고 앞에 던져진 신문을 갖고 들어오는 것도 잊지 않았다. 아침을 먹으며 신문을 읽고 우리들의 하루는 이렇게 시작된다. 나는 오늘 정원을 가꾸어야겠는데 당신은 어머님을 찾아뵙고 온다고 했지. 잘 다녀오세요, 운전 조심하고….

눈을 뜨면 제일 먼저 볼 수 있는 사람이 당신이라니 나는 정말 행복하고 다행이다. 정말 그렇게 서로 사랑하며 살아왔다. 그러나 어느 날 자다가 이유 없이 눈을 떠보니 너무나 허전하여 슬픔을 느꼈다. 텅 빈 옆자리, 누군가가 나 몰래 다녀간 것 같은 느낌, 아니면 정말 이 공간에 나 혼자일까 하는 느낌, 마치 누군가가 나를 흔들어 깨운 것 같은 착각에 사로잡혀 있었다. 아침에 옆자리를 더듬어 봐도 빈자리, 나는 다시 눈을 감고 말았다. 빵을 사들고 들어오며 커피 향이 가득한 식탁 앞에서 기다리고 있는 나를 반겨주는 그이는 보이지 않았다. 어젯밤에 다녀갔나 봐.

자장가를 부르는 엄마 옆에서 아기는 잠이 들기 시작한다. 엄마가 일어나 나가려면 아기는 다시 눈을 뜨고 곁에 있는 엄마를 본 다음에야 도로 잠을 청한다. 아기는 안전한 곳에서 사랑하는 사람 옆에서 보호 받으며 잠 잘 수 있음을 확인 하기 위해 눈을 떠보는 것이다. 눈을 뜨면 제일 먼저 보이는 엄마가 있기에 아기는 행복을 느낀다. 아무리 각박한 세상을 살아가는 오늘이지만 눈을 뜨는 아기에게 주먹을 날리는 엄마가 어디 있으랴.

제이슨 최

Jason Choi

사랑이란

우산을 씌워 주는 것이 아니라

비를 함께 맞는 것이다.

1

인생이란 1

인생이란 2

인생이란 3

인생이란 4

인생이란 5

인생이란 6

골프와 인생

인생이란 1

오늘 행복하지 않은 사람은 내일도 행복하기 어렵다.

내가 행복하지 않은 사람이 남을 행복하게 해준다는 것은

더욱 어렵다.

인생이란,

그래서 오늘 내가 행복해야 하는 것.

인생이란 2

인생人生이란—

가까이서 보면 비극悲劇이고,

멀리서 보면 희극喜劇이다.

나는,

'찰리 채플린'이 했다는 이 말을 정말 사랑한다.

인생이란 3

소인小人들은 비난을 받으면
괴로워하며 몇 배로 되돌려 주려고 한다.
그러나, 하나님께서는 원수도 사랑하라고 말씀하셨다.
내가 먼저 마음을 열고 다가가지 않으면
어떤 상대방도 내게 가까이 다가 오지 않는다.
대인大人이란,
내가 먼저 손 내밀고
마음 문을 여는 것.

인생이란 4

인간人間이란, 언젠가는 땅에 묻혀 한 줌 흙으로 돌아간다.

그런데도 사람들은 물욕, 정욕, 명예욕의 노예가 되어 어느 옛날 책* 에 씌어 있는 것처럼 좀이 파먹고, 녹이 슬며, 도둑이 들어와서 훔쳐갈 재물을 모으느라고 정신없이 살아간다. 하지만 인생이 끝날 무렵이면 그것이 얼마나 어리석고 부질없는 것이었는가를 스스로 깨닫게 된다. 그리스 신화에 이런 이야기가 있다. 데우칼리온과 그의 아내 피라**는 머리 뒤로 돌을 던져서 인간을 만들었다고….

"그리하여, 인간은 돌같은 심장을 갖게 되어 근심 걱정을 견디며 모질게 살아간다." 고 월터 로리 경은 말했다.

*성경

**그리스 신화에 나오는 이야기로, 제우스 신神은 대大 홍수로 세상을 멸망시키고 '데우칼리온과 아내 피라'만 남긴 다음, 그들 부부로 하여금 돌을 머리 뒤로 던져서 인간을 재창조하였다고 했다.

인생이란 5

어느 날, 스승 소크라테스에게 제자들이 "인생이란 무엇입니까?" 하고 물었다.

소크라테스는 제자들을 사과나무 숲으로 데리고 갔다. 때마침 사과가 탐스럽고 먹음직스럽게 잘 익어 가고 있었다. 소크라테스가 제자들에게 말했다. 모두 내 말을 잘 들어라. "지금부터 이 사과 밭의 처음부터 저쪽 끝까지 걸어 가면서 각자 가장 마음에드는 사과를 한 개씩만 따가지고 나와서 나와 다시 만나도록 하자. 단, 한 발자국도 뒤로 되돌아갈 수 없으며, 한번 딴 사과는 다른 것으로 바꿔서 딸 수도 없다." 제자들은 모두 사과나무 숲을 걸어 가면서 제각각 유심히 살펴보고 가장 크고 좋다고 생각되는 사과를 한 개씩 골라 모두 소크라테스가 기다리고 있는 사과나무 숲의 끝에 도착했다.

소크라테스가 제자들에게 웃으면서 말했다. "모두들 후회 없이 가장 좋은 사과를 따왔겠지?" 제자들은 서로의 것을 비교하며 아무 말도 하지 않았다. 그 모습을 본 소크라테스가 다시 물었다. "왜? 자신이 고른 사과가 만족스럽지 못한가 보지?" 이때 한 제자가 부탁했다. "스승님, 다시 한 번만 고르게 해 주십시오." 처음 사과 밭에 막 들어섰을 때 정말 크고 좋은 것을 보았거든요… , 그런데 더 크고 좋은 사과를 찾으려고 따지 않았어요. 하지만 사과나무 숲의 끝까지 와서야 저는 처음 봤던 그 사과가 가장 크고 가장 좋은 사과였다는 것을 알게 되었답니다.

이때 다른 제자 한 명이 급히 말을 이었다. 저는 정반대였어요. 숲에 들어가자마자 제일 크고 좋다고 생각되는 사과를 골랐는데…. 나중에 보니까 더 크고 좋은 사과가 있었습니다. 선택은 한 번뿐이라서 저도 저의 실수를 후회하고 있습니다. 스승님 한번만 더 기회를 주십시오. 거의 모든 제자들이 이구동성으로 스승 소크라테스에게 같은 사연을 설명하면서 기회를 한 번만 더 달라고 사정을 했다.

소크라테스는 껄껄 웃으며 단호한 목소리로 이렇게 말했다. "그게 바로 인생이란다. 인생이란 언제나 단 한번의 선택밖에 할 수 없고, 절대로 그 누구도 되돌아갈 수는 없는 것이거든…."

그렇습니다. 우리는 한평생 살아 가는 동안 수없이 많은 갈림길에 서게 되지만 언제나 기회는 단 한 번뿐이란 걸 새삼 뼈저리게 느끼게 됩니다. 순간의 선택이 10년을 간다는 어느 유명한 냉장고 회사 광고 카피처럼, 잘된 선택이던 못된 선택이던 순간의 선택으로 인한 책임은 모두 자신이 져야 한다는 것입니다.

중요한 것은 한 번뿐인 선택이 완벽한 것이길 바랄 게 아니라, 인간이기에 가끔은 실수가 있더라도 후회하지 않고 자신의 선택을 존중하면서 끌어 안을 수 있는 진정한 용기와 지혜가 필요하지 않을까 생각 됩니다. 윌리엄 베너드의《위즈덤 스토리 북》에는 이렇게 씌어 있었습니다. "오늘 나의 불행은 언젠가 내가 잘못 보낸 시간의 보복이다."

인생이란 6

얼마 전 6월 어느 날, 아버지 날이 며칠 지난 다음 나는 아들에게서 온 편지 한장을 받았다. Father's Day 카드에 적힌 내용은 이랬다.

앞면에는,

A good man
chooses to do what's right.
He places importance
on family.
A good man
changes the world
by his own example.

He shapes the lives

of his children

with the strength

of his love.

다시, 내지에는이렇게 씌어 있었다.

Thank you, Dad,

for being such a good man,

for loving me strong,

and raising me right.

I love you, too.

And today I hope you feel it.

그리고는 자필로 "아버님 제 삶속에 항상 있어 주셔서 감사합니다. 아버지가 힘든 원인일 때도 있었지만 항상 저희들을 사랑하고 계신다는 것은 잊지 않았습니다. 저와 많이 부딪치고 싸우는 일도 많았지만 앞으로 더 이해하도록 노력하겠습니다.

아무리 제가 미워도 아버지 자식인 것은 어쩔 수 없네요. 누가 봐도 생긴 것부터 닮았으니…. 아버지 힘든 일 많이 겪어 오셨고 수고 많이 하셨습니다. 언젠가는 제가 많이 도울 날들이 머지 않아 오겠지요. 건강하시고 좋은 아버지 날 보내십시오. 곧 인사드리러 가겠습니다. 사랑합니다."

아버지 날이 되어 멀리 있는 아버지 생각이 나서 카드를 고르다 보니 글귀가 마음에 닿았나 보다 하는 생각이 들어 곰곰 생각해 보다가 문득 나는 헤밍웨이의《노인과 바다》생각이 났다.

산티아고 노인은 하바나에서 고기를 낚으며 근근히 살아가는 가난한 어부다. 일생을 바다에서 보낸 그는 이제 서서히 늙어 가지만 이웃 소년 마놀린과 함께 배를 타며 어부로서의 삶에 보람을 느끼며 살아 간다. 그러나 84일 동안이나 고기를 한 마리도 잡지 못하자 소년의 부모는 소년을 다른 배의 조수로 보내고 만다. 어느 날 산티아고 노인은 혼자 먼 바다까지 나가고 그의 낚시에 거대한 돛새치 한 마리가 걸린다. 사흘 동안 죽을 힘을 다해 노인은 그 큰 고기를 잡아 배 뒤에 매달고 돌아오게 된다. 그러나 돛새치가 흘린 피 냄새를 맡은 상어 떼가 공격해 오기 시작한다. 노인은 상어 떼를 물리치기 위해 다시 한 번 목숨을 건 사투를 벌인다. 노인이 항구로 돌아왔을 땐 그가 잡은 고기는 이미 상어 떼에게 물어뜯겨 앙상한 뼈만 남은 후였다. 노인은 지친 몸을 이끌고 가까스로 언덕 위에 있는 집으로 돌아가서 정신 없이 잠이 든다. 잠든 노인을 보고 소년은 노인의 상처 투성이 손을 어루만지며 눈물을 흘린다.

이 소설에서 정작 헤밍웨이가 하고 싶은 말은 무엇이었을까? 일반적으로는 끝내 엽총으로 자살함으로써 자신의 삶을 마감한 "허무주의" 사상을 보여 주기 위한 작품으로 보기 쉽지만 나는 그토록 거대한 물고기와 인간의 험난한 대결에서 헤밍웨이가 강조하고 싶었던 것은 승부 그 자체가 아니라 누가 최후까지 정정당당하게 싸웠느냐는 것이 아닐까 하는 생각이 들었다. 망망대해에서 인간과 물고기가 벌이는 그 처절한 싸움에서는 승리나 패배가 있을 수 없고, 오직 누가 비굴하지 않게 끝까지 숭고한 용기와 인내로 싸우느냐가 중요한 설정이었다. 물고기의 등에 작살을 꽂고 물고기가 수면 위로 떠오르기를 기다리는 노인, 등에 작살을 맞고 작살로부터 벗어나려고 필사

의 탈출을 시도하는 물고기….

노인과 물고기가 벌이는 이런 팽팽한 대결은 서로가 살기 위해 목숨을 건 영예로운 한판 싸움이었다. 꼬박 사흘 밤낮으로 이어진 끈질긴 싸움에서 물고기는 결국 죽게 되고 물 위로 떠오르지만 노인은 기쁨보다는 오히려 물고기에 대한 연민을 느끼게 된다. 그로 인해 상어떼들이 돛새치의 살점을 뜯어 먹을 때마다 노인은 자신의 살점이 뜯기어 나가는 듯한 심한 고통을 느낀다.

그렇다면 내 인생에서 나는 노인인가? 상어 떼인가? 아니면 돛새치인가? 위험을 무릅쓰고 투쟁을 하기보다는 남의 전리품을 약탈

하기 위해 노인의 배를 공격하는 상어 떼와 아무 죄 없이 노인의 사냥에 희생된 돛새치를 보면서 나는 상어떼도 싫고, 돛새치가 되는 것은 더욱 싫어졌다. 어찌 되었건 지나온 내 인생은 아들의 편지에서처럼 피곤하고 지친 모습으로 잠이 든 노인의 처지와 다를 바가 없어 보인다.

그리고 얼마 후 나는 로스앤젤레스에 있는 아들을 만났다. 아직 결혼을 하지 않아 혼자 사는 집에 며칠 묵고 오려다가 별일 아닌 일로 다투고 그냥 돌아오고 말았다. 우리 부자의 사랑은 거기까지인가 보다. 헤어지면 그립고 만나면 서로 상처만 주는 그런 사랑. 고슴도치 사랑, 《노인과 바다》 같은 내 인생.

골프와 인생

물을 좋아하여 물에서 하는 운동을 즐겨하던 나는 친구들이 골프 치러 가자고 하면 친구들에게 오히려 물에서 하는 운동들을 하러 가자고 설득했다. 우동을 좋아하는 사람이 있는가 하면 짜장을 좋아하는 사람이 있는 것처럼, 나는 한여름 땡볕에 나가 잔디밭에서 하는 골퍼들을 참 딱하다는 눈으로 바라보았다. 탁 트인 호수나 끝이 보이지 않는 바다에 나가 수상 스키나 윈드서핑을 하면 얼마나 시원하고 스릴이 있는가?

물론 수상스키나 윈드서핑, 스쿠버 다이빙도 한국에서는 여름철에만 가능한 운동이라 겨울엔 두꺼운 방한복(스키복)에 눈까지 가리고 눈에 덮인 산꼭대기로 올라가 스노우 스키를 탈 수밖에 없는 단점도 있다. 하지만 나는 친구들의 강권에 못 이겨 골프를 억지로 조금 배우다가 그만두었다.

그때 내 생각은, 골프야 잔디 밭에다 움직이지 않는 공을 가만히 놓고 아무도 바더Bothering하는 사람 없이 나 혼자 공을 치는 것인데…. 나이가 들어서도 얼마든지 배울 수 있다. 역시 젊어서는 이렇게 액티비티한 수상스키나 윈드서핑, 스쿠버 다이빙, 제트스키를 타는 게 좋아…. 골프채를 아예 깊숙한 곳에 처박고 기억 속에서 지워버렸다. 신나게 호수나 바다에 나가 내가 좋아하는 수상스키, 윈드서핑, 스쿠버 다이빙을 하고 제트스키를 즐겼다. 내 인생에서 젊은 날은 그렇게 지나갔다.

미국으로 이민을 오고 사는 일이 만만치 않아 정신 없이 살다가 60이 지난 어느 날, 뒤를 돌아 보니 배는 점점 나오고 튼튼하던 하체는 다이어트 하는 여성들의 다리처럼 가늘어져 갔다. 여성들이야 상체와 하체의 밸런스를 맞추어 하체가 가늘어야 미끈한 각선미로 남성들로부터 아름답다는 칭찬을 들을 일이지만 남자들은 건강미가 우선이다. 먼저 딱 벌어진 가슴을 튼튼한 하체가 받쳐주어야 하는데 이민 온 이후로 아무런 운동을 한 게 없으니 그럴 수밖에 없었다. 수상스키나 윈드서핑, 스쿠버 다이빙은 나이가 들면 할 수 없는, 체력 소모가 너무 많은 운동이다. 모든 장비를 후배들에게 물려준 지가 오래고, 요즈음은 가끔 바닷가를 지나갈 때 젊은 사람들이 서핑하는 모습을 바라보며 나는 내가 윈드서핑을 하던 지난날들을 그리워하며 아련한 추억에 잠기기도 한다.

그러던 어느 날, 나는 문득 골프를 시작해야겠다는 생각이 들었다. 그래 그때가 지금이야! 수상스키나 윈드서핑을 즐기던 그때 골프는 나이가 들어서도 얼마든지 배울 수 있다고 생각했지 않았던가…. 그라지에서 골프 가방을 꺼내 보았다. 가방은 먼지와 때가 묻어 쓸 수가 없고, 인조 가죽으로 된 골프화는 삭아서 부스러질 정도였다. 하지만 클럽은 그대로였다. 아연은 그런대로 쓸만해서 드라이버와 페어웨이 우드, 하이브리드, 퍼터만 새 것으로 구입해서 열심히 배웠다. 하지만 실제로 필드에 나가 보니 그게 아니었다. 세상에 이럴 수가? 몸은 이미 굳을 대로 굳어 있었고, 스윙 폼은 부끄러워 차마 말로 표현할 수조차 없었다. 어느 날 교회 친구 몇이서 연습장에 갔는데 함께 연습을 하던 어떤 친구가 내 스윙 폼을 보더니 "집사님 스윙 폼은 꼭 장작 패는 것 같아요!" 나는 심한 충격에 빠졌다.

언젠가 가정 주치의를 만났더니 이젠 하루에 최소한 30분 이상은 걸어야 한다고 해서 시작한 골프가 너무 늦은 나이에 시작한 죄(?)로 몸이 굳어서 친구에게 장작 패는 것 같다는 소릴 듣는구나…. 얼마나 내 스윙 폼이 엉터리고 못봐 줄 정도면 그렇게 심한 표현을 했을까? 골프를 그만둘까? 죽기 아니면 살기로 골프를 다시 배울까? 고민했다. 골프를 배우는 쪽으로 결심했다. 나는 어떤 일이건 가볍게 시작했다가 쉽게 그만두는 것이 아니라 결정은 시간이 걸리지만 한 번 마음을 먹으면 누구보다 열심히 최선을 다하는 스타일이다. 결과에 연연하지 않고, 중간에 포기하는 일은 거의 없다.

레슨을 받기로 했다. 선생님이 몸이 너무 뻣뻣하다고 했다. 아무

리 스윙 폼을 고쳐주려고 해도 잘 안 되는 모양이다. 공이 30%도 똑바로 나가지 않는다. 한 개는 강원도로 한 개는 전라도로…. 내 의도와는 전혀 상관 없이 공이 저 가고 싶은 방향으로 날아간다. 미국 할아버지 골프 선생님이 하루는 좀 화가 나신 적도 있었다. 나는 개의치 않고 열심히 배웠다. 인도어 연습장에서 하루에 몇 바켓씩 문닫을 때까지 치기도 하고, 필드에 나갔을 때는 리플레이를 하여 하루에 18홀을 두 번씩 돌기도 했다. 그래도 좀 잘 맞은 날은 집에 돌아오면서 얼마나 기분이 좋은지 모른다. 잘 안 맞은 날은 기가 죽어 돌아오기도 하지만…. 다시 시작한 지가 2년 정도 되어서야 겨우 18홀을 100개 정도를 치게 되었다. 그래도 100개가 넘지 않는 날이 많아지니 가끔 '버디'도 하고, '파'도 한다. 골프가 재미 있어졌다. 필드 레슨하는 선생님께서 기본 기술은 어느 정도 익혔으니 점수에 연연하지 말고 정교한 스윙폼을 유지하도록 하란다. 점수는 숏게임에서 승부가 나니 칩샷과 퍼팅 연습도 많이 하고….

필드 코치 선생님과 편안하게 라운딩을 할 때는 핸디가 20에서 25 사이를 왔다 갔다 하는 안정된 게임을 했다. 그러던 어느 날 다시 15개 정도 치는 보기 게이머 친구들과 만나서 라운딩을 하는데 잘 쳐보겠다는 욕심이 너무 앞서서였는지…. 프런트 9홀에서 이미 22개를 오버하고 말았다. 전반 마지막 홀에선 화가 났다. 화난 걸 드러낸 건 처음이었다. 필드 레슨 선생님이 골프를 쳐보면 그 사람의 성품이 온전히 드러난다고 하면서 언제나 상대를 배려하는 골프, 신사적이고 품위 있는 골프, 성숙한 인간 관계를 유지 시켜줄 수 있도록 하는 신사골퍼가 되라고 가르쳤는데…. 그 제자가 오늘은 화난 모습을 드러 내고 말았다. 부끄러웠다. 후회하면서 백라인 9홀에서는 안정을 되찾아 6개를 쳐서 내 핸디를 지킬 수 있었다.

골프와 인생, 어느 날 필드 레슨 선생님께서 말씀해 주셨다. 인생과 똑같은 게 골프라고…. 내가 아무리 바르게 살아가려고 해도 가끔은 내 의지와는 상관 없이 일어나는 일들이 있듯이 슬라이스가 나고 훅이 나고 OB가 난다. 이처럼 때로는 뜻하지 않게 어렵고 힘든 일을 겪게 되는 것이 인생이니 골프도 그렇다는 것이다. 삼성 그룹의 이병철 회장이 생전에 남긴 말 가운데 뜻대로 되지 않은 두 가지가 있는데 하나는 자식이고, 하나는 미풍이 미원을 이기지 못했다는 것이다. 골프! 그거 참 인생처럼 마음대로 안 된다.

수없이 많은 골프장에 있는 각 홀들 가운데 같은 홀은 단 한 곳도 없다. 수 많은 골퍼들이 수도 없이 골프채를 휘두르지만 같은 샷은 단 하나도 없다. 인생처럼….

하나님의 방법

기도와 하나님

고독에 대하여

정크

사랑이란

가치체계

아름다운 동행

하나님의 방법

아무리 예수를 믿어야 죽어서 천국에 갈 수 있다고 해도 말을 듣지 않는 노老부부가 있었다. 어느 날, 비가 오고, 바람이 거세게 불고, 천둥이 치더니 벼락이 내려 노老부부의 집이 불에 타버렸다.

노老부부는, 하나님을 피고로 하여 법정에 소송을 걸었다.

판사는 "피고 하나님은 노老부부에게 집값을 배상하라."는 판결을 내렸다. 그후, 노老부부는 벼락맞은 집값을 물어 달라며 하나님을 만나겠다고 매주 교회엘 다녔다.

사이버 공간에 떠다니는 글이다.

하나님께서는 그 노부부를 만나 주셨을까?

무척이나 궁금하다.

나른한 오후-.

기도와 하나님

어느 날-,

가톨릭 신자가 기독교 신자들의 부흥회에 갔다.

가톨릭 신자는 평소처럼 조용히 기도를 드리고 있었다.

옆자리에 앉은 기독교인은 미친 사람처럼 악을 쓰며

아버지를 불러댔다.

이때,

가톨릭 신자의 귀에 하나님의 음성이 들렸다.

"너 옆자리에 앉은 친구,

나 귀 안 먹었으니 좀 조용히 기도하라고 말해주거라!"

고독孤獨에 대하여—

파스칼이란 사람이 "인간은 생각하는 갈대"라고 정의했다.

외롭고 쓸쓸한 존재란 뜻이다.

원래 한자의 고孤란 어려서 부모가 없고,

독獨이란 늙은이에게 자식이 없는 데서 유래했다고 한다.

어려서 부모가 없었던 것도 아니고,

늙어서 자식이 없었던 것도 아닌데.

부모가 모두 돌아가시고 자식들이 성장하여 떠나간 초로初老의 길목에서 왜 우리는 이렇게 고독해야 하는가?

외로움을 이기는 방법은

외로움을 사랑하는 것이다.

고독에서 벗어나는 유일한 방법은

고독을 즐기는 것이다.

정크Junk

'정크'라는 말은 한국에서는 잘 쓰지 않던 말이다.

이민 와서 미국에 살다보니 자연스럽게 자주 입에 오르내리는 말이 되었다.

사전에는 '잡동사니, 폐물…'이라고 씌어 있다.

어떤 분이 3개월 이상 사용하지 않는 물건은 '정크' 라고 했다.

나는 3개월 이상 쓰지 않은 물건이 그렇게 많은지 몰랐다.

어린 시절에는 버릴 것에 대한 개념이나 부담이 전혀 없었지만 나이를 먹다 보니 버려야 하는데 버리지 못해 안고 사는 것이 너무나 많다.

특히 눈에 띄는 것이 옷장 안이다.

이민 온 지가 30년이 되어가지만 그때 구입한 양복과 런던포그

London fog 바바리가 아직도 걸려 있고, 유행이 지나 입지도 못 할 수십 장의 와이셔츠가 비닐에 씌워 가득히 걸려 있다.

내 인생에서 남은 날이 그렇게 많지가 않다.

이제는 버려야 할 때인가 보다. 꼭 필요한 것 몇 개만 남겨두고 ….

그걸 알면서도 버리지 못하는 것은–,

과거에 대한 미련 때문일까? 집착 때문일까?

사랑이란

어느 날 문득, 그 사람이 보고 싶으면 그게 사랑입니다.
비가 오거나, 바람이 부는 날 바바리 코트 깃을 세우고
낙엽이 진 골목길을 돌아설 때 외롭고, 까닭 없이 쓸쓸하며
그 사람이 보고 싶으면 그게 사랑입니다.
그러나
사랑하는 사람을 만들지 말아야 합니다.
그것은 사랑하는 사람과 만날 수 없다면 괴롭기 때문입니다.
그렇다고 미워하는 사람은 더욱 만들지 말아야 합니다.
미워하는 사람은 만나면 괴롭기 때문입니다.

그런 줄 알면서도
나는 가끔씩 그 사람을 그리워합니다.

가치체계 Value System

어느 날,

헐리우드에서 미술 총감독으로 성공한 한인 여성 한유정이란 분이 말했다.

영화 촬영 도중에 값비싼 조명기구가 넘어지는 것을 보고 조명 담당자가 아닌 사람이 달려가서 그걸 붙잡아 파손 되는 것을 막았는데….

그는 다음 날 해고 되었다고 한다.

이유는 그걸 붙잡다가 다치면 조명기구보다 훨씬 더 돈이 많이 드는데, 왜 그걸 붙잡았느냐는 것이었다.

한국에서 군에 입대해 훈련을 받을 때 한국 군軍에서는 고물 소총 한 자루쥐어 주고, "총기는 제2의 생명이다. 목숨보다 소중하게 다루어야 한다"라고 가르쳐 주었다. 전쟁터에서 상황이 불리해 후퇴를 하더라도 반드시 총기는 가지고 후퇴해야 한다고 했다. 실제로 총기를 버리고 후퇴를 했다가는 군법에 의해 처벌을 받는다고 했다. 그런데 미국 군대에서는 그까짓 소총이 문제가 아니라 대포라도 버리고 일단 목숨만 살아서 돌아오라고 가르친다고 한다.

소총 한 자루나 대포보다 인간의 목숨이 중요하기 때문이다.

과연 어느 것이 더 소중한 가치일까?

아름다운 동행

교회에 다닌 지가 오래되었지만 어떤 목사님으로부터도 나는 식사 대접을 받아본 일이 없었다. 친구 소개로 함께 골프라운딩을 하게 된 어느 목사님으로부터 식사 대접을 받고 감동 받은 적이 있었다. 그 목사님은 실력이 프로 수준이지만 언제나 잘 어울려 주었다. 말수도 적고 상대방을 배려하는 것이 몸에 밴 분이었다.

누구에게도 본인께서 직접 목사라는 신분을 밝히는 것을 보지 못한 매우 겸손한 분이었고, 함께하다 보면 자연히 그가 현재 어느 교회 담임 목사라는 것을 알게 되는 그런 분이었다. 사모님이 직장을 가지고 일을 하시면서 열심히 내조를 하신다며 아내를 너무 고생시켜 늘 미안하다고 말씀하시곤 했다. 그러면서도 일반 성도인 우리들에게 기대지 않으시고 내가 한번 내면 다음엔 목사님이 내셨다. 물론 목사님이나 우리가 비싼 식당엘 가는 것은 아니지만 사회 통념상

요즈음 사회문제가 되고 있는 갑질 논란처럼 교회사회에선 목사님은 주로 갑이었고, 성도들은 목사님 섬기기를 을과 같이 하는 것으로 일반화된 모습을 종종 볼 수 있는데 그 목사님은 달랐다. 말로 표현하기 힘든 그 어떤 다른 모습이 있었다.

그 목사님과 일반 성도인 우리들에겐 갑도 없고 을도 없었다. 그저 우리는 그분이 성직자니까 존경하는 마음으로 대해 주었고, 목사님은 말이나 행동을 성직자답게 하셨다. '답다는 것' 그것이 내 마음에 와 닿은 것이었다. 신학교 커리큘럼 중 어느 대목(목회학?)에 목사는 성도와 너무 가까이 지내지 말라는 내용이 있다고 한다. 그리고 신자들 사이에선 목사님에게는 가까이 가면 데어 죽고 너무 멀리하면 얼어죽는다는 말이 있다. 계란이 스스로 껍질을 깨고 나오면 새로운 생명이 잉태되어 병아리가 되지만 누군가의 손에 의해 깨어지면 프라이가 된다. 목사와 신자라는 프레임을 깨트리고 함께한 덕분이다.

인간은 누구나 다워야 한다. 선생은 선생다워야 하고, 목사는 목사다워야 하며, 학생은 학생다워야 하고, 어른은 어른다워야 하고…. 모두가 다워야 한다. 그런데 답지 않은 사람들이 넘쳐나는 세상에서 목사다운 목사님을 만난 것은 감동이었다. 물론 모든 목사님들이 성도들을 위해 밤낮 가리지 않고 어머니가 어린 자식 돌보듯 헌신적으로 돌보는 것은 잘 알지만, 교회가 성장하고 교인 숫자가 늘어나면 어느새 성공한 목회자가 되어 걸음걸이도 달라지고 목소리 톤도 달라지면서 성공한 목회자로서의 온갖 지위를 누리는 모습을

보아 오지 않았던가? 나는 언제나 조금이라도 예수님을 닮은 진실된 목회자 만나기를 목말라해 왔다. 오죽하면 어떤 목사님이 천국에 갔더니 예수님이 맨발로 반기시면서 목사가 어떻게 천국엘 왔느냐고 하더라는 우스갯소리가 있을까?

나는 예수를 믿는다. 그러나 어떤 인간이, 그 누구라서 절대자 하나님을 알면 얼마나 알겠는가? 하나님은 오직 한 분뿐인데 인간들은 모두가 저만 잘났다고, 자기만 옳다고 서로가 서로를 헐뜯고 비난하면서 성경도 자기식으로 해석해서 가톨릭에서 기독교로 나누어지고 기독교는 또다시 장로교니, 감리교니, 침례교니 하면서 나누어져야 했는가?

종말이 가까워졌다고 수없이 설교를 들었는데 정말로 예수님이 이 땅에 다시 오시면 오늘날 인간들의 이러한 교회 모습을 보고 얼마나 한심해 하실까? 하는 생각이 든다. 시대적 사명을 다한 식은 말들로 하는 설교는 더는 21세기 성도들에게 감동도 은혜도 되지 않는다. 목사님들끼리 모인 자리에 가면 성도 수가 많은 교회 목사님이 작은 교회 목사님들보다 상석에 앉고 대접을 받고 싶어 한다고 들었다. 가톨릭 사제 서품식에서는 신부가 되면 가장 낮은 자세로 성도들을 섬기겠다는 의미로 두팔과 양다리를 쭉 뻗고 땅바닥에 엎드리는 성스러운 의식을 치른다고 한다. 성도 수가 많고 큰 교회일수록 더 은혜스럽고 성스러운 교회일까? 과연 그럴까?

어느 날 파스칼의 〈팡세〉를 읽었다. 이런 말이 씌어 있었다. "하나님은 알고 믿는 것이 아니다, 믿으면 알게 된다." 나의 지적知的 호기심이 내 신앙의 성숙을 방해하고 있지는 않는지 싶어서 그동안 읽던 세계적인 석학, 최고의 지성인인 예일대 철학교수 셸리 케이건Shelly Kagan이 '인간의 영혼은 존재하는가?' 라는 주제를 다룬 《죽음이란 무엇인가? Death》라든가, 과학과 종교에 대한 이해의 폭을 넓히기 위해 읽었던 스티븐 호킹의 《시간의 역사A brief history of time》, 21세기에는 모든 분야의 지식이 몇가닥으로 통합을 이루게 될 것이라고 내다보는 에드워드 오스본 윌슨Edward Osborne Wilson의 《지식의 대통합, 통섭Consilience》 리처드 도킨스Richard Dawkins의 《만들어진 신The god delusion》 과 같은 책들을 모두 덮어 두었다. 그리고는 가끔씩 새벽에 나는 목사님과 만나 맑은 공기를 쐬며 탁 트인 바다를 바라보고 파아란 잔디밭을 걸으며 나누는 진화한 대화에서 설교보다 진한 우주의 신비를 느꼈다.

함께하는 목사님에게 내가 말했다. "목사님, 이렇게 동이 트는 새벽의 청정한 공기를 흠뻑 들이마시면서 푸른 잔디 위를 걸으며 골프를 칠 수 있는 우리는 세상 그 누구도 부럽지 않지요?" 멀리 베이 브릿지가 보이고 그 너머에 금문교가 보이며 오클랜드 공항에 쉴 새 없이 뜨고 내리는 비행기가 타국 땅에 뿌리내리고 사는 나의 가슴을 적셨다.

오늘날 교회엔 "아멘(성은이 망극하옵니다)"만 있고 "아뢰옵기 황공하옵니다만…."이 없다. 교회를 향해 목사님들에 관해 다소 비판적인 목소리를 내면 옛날 왕조시대에 임금 뜻에 토를 다는 불경죄인 취급을 당하는 안타까운 현실이 가슴 아프다. 그렇지만 이 목사님은 엔젠가 자신을 심하게 비난한 사람이 있었는데도 한 번도 그 사람을 나쁘게 말하는 것을 보지 못했다. 그런 목사님이 내 삶에 동행이 되어 주어 감사하다.

이스텔린의 역설

작은 행복

K 씨의 아메리칸 드림

제니퍼 씨 이야기

아름다운 여인

해리 브리톤의 사랑 이야기

베이 브리지와 톨 게이트

이스텔린의 역설

이스텔린의 역설Easterlin's paradox이라고 하는 것은 우리가 살아가면서 느끼는 행복이란 것이 반드시 수입Income과 정비례하지는 않는다는 이야기다.

행복과 수입은 별 관계가 없다고 말하는 사람들이 있는 건 사실이지만 실제로 그렇지는 않다고 한다. 소득이 증가하고 소비가 늘어나면 어느 선까지는 행복지수도 올라 가는 게 사실이다. 하지만 그것은 일정한 수준까지만 그렇다.

사람에 따라서, 국가나 도시와 시골처럼 생활 환경이 다름으로 해서 그 수준이라는 것에 차이가 있기는 하지만 대체로 남에게 돈을 꾸러 가지 않을 정도의 수입을 넘어서면 그때부터는 수입에 비례해서 행복지수가 올라가지는 않는다는 말이다.

우리가 살고 있는 세계 제일의 선진국가인 미국에 비해, 삶의 질이 너무나 떨어지는 아프리카 오지 나라의 행복지수가 더 높은 것이 그 답이다.

우리는 왜 이처럼 수입이 늘어나는 것과 비례해서 더 행복해지는 것도 아닌데 마시면 마실수록 더욱 갈증을 느끼게 되는 바닷물과 같은 수입과 성공을 찾아 헤매며 불행해 하는 것일까?

어떤 분의 글에 이런 말이 있었다.

"인생이란 패키지 딜(일괄 거래)이다. 기쁨, 슬픔, 즐거움, 괴로움…. 한 묶음씩으로만 팔기 때문에 따로 떼어서 살 수는 없더라."

그걸 알면서도 우리는 왜 이렇게 못 가진 것에 연연하며 상대적 빈곤으로 인한 박탈감에 시달리며 가진 것에 대한 만족을 모르고 불행하다고 느끼며 힘들게 살아가고 있는 것일까?

이스텔린의 역설…. 가진 게 없어 몸도 마음도 가벼운 나는 참 맞는 말이라는 생각이 들어 행복한 하루.

작은 행복

행복幸福이란 땀을 흘리며 열심히 일한 다음 쉴 때 느끼는 편안하고 평화로운 감정이다. 농부는 한여름 뜨거운 태양 아래서 비지땀을 흘리면서 일을 한 결과 가을에 추수하는 기쁨을 맛보며 행복을 느끼고, 학생은 열심히 공부를 해서 자신이 이루고자 했던 목표에 다다랐을 때 행복을 느낀다.

나는 지난 10년여를 정말 열심히 살았다. 조금 과장해서 하루도 쉬지 못하고 일workaholic만 하면서 살았다. 그러다 어느 날 이렇게 살아서는 안 되겠다는 생각이 들었다. 과감하게 비지니스의 규모를 줄였다. 그러자 시간적으로 정신적으로 여유가 생기기 시작했다.

이미 십오륙 년 전쯤에 손을 놓아 버렸던 골프를 치고 등산도 시작했다. 비지니스 한다고 San Francisco 에서 Los Angeles 를 셀 수도 없이 운전을 하고 갔다 왔다. 나이를 먹은 탓도 있지만 허리가 좋지 않고, 특히 하체가 약해져 있었는데 골프와 등산을 시작한 후 많이 좋아지기 시작했다.

아내에게도 함께하길 권했다. 함께 골프레슨을 받고 바닷가와 호숫가를 걸었다. 오랫동안 공무원 생활을 하다가 나를 돕는다고 그만두고 함께 비지니스를 했는데 적성에 맞지 않는지 무척이나 힘들어 했다. 어려운 고비마다 나를 원망도 많이 했다. 하지만 미련을 버리고 모든 것을 내려놓은 지금은 홀가분한 모양이다.

어제는 교회에서 주일 예배를 마치고 오후에 바닷가에 있는 골프 연습장에서 함께 골프 스윙 연습을 하고 초여름의 상큼한 바다 내음을 맡으며 바닷가를 걸었다. 자전거를 타고 신나게 달리는 사람, 연인과 함께 다정히 껴안고 가는 사람, 어린 자녀를 데리고 부부가 함께 산책을 하는 사람…. 모두가 즐거워 보였다. 갈매기 한 마리가 지나가는 길옆에서 무엇인가를 부지런히 찾고 있다. 사람이 지나가도 도망 갈 생각을 하지 않고 자기 할 일만 열심히 하고 있다. 갈매기가 한가로이 먹이를 찾고, 초여름의 푸른 하늘과 잔잔한 바다가 한데 어우러져 무척이나 평화로운 오후였다. 우리는 작은 목소리로 함께 노래를 불렀다.

걷던 길을 되돌아온 다음 그리 멀지 않은 곳에 있는 바닷가의 아름다운 레스토랑으로 갔다. 언젠가 혼자가 된 지 오래된 대학교 후배 K가 결혼하고 싶은 좋은 여성이 생겼다고 해서 그 여성의 친구들과 함께 와인을 곁들인 우아하고 근사한 저녁을 했던 곳이다. 아내

는 어둠이 내리는 저녁을 좋아했다. 정박된 요트의 고요를 느끼며 이제는 자신도 바람이 세차게 부는 바다를 힘겹게 항해하다 어린아이가 어머니의 품에 안기듯 고요한 항구에 도착해 닻을 내리고 휴우– 하고 긴 한숨을 내쉬는 것 같다고 했다.

식사를 마치고 파킹랏으로 걸어 나오면서 아내가 말했다. "오늘 즐거웠어요. 나 이렇게 행복해도 되는 것인지 모르겠어요."

K 씨의 아메리칸 드림

K 씨가 이민 가방을 내려놓은 곳은, 한인들이 거의 살지 않는 미국 중부의 어느 작은 시골 마을이었다. K 씨는 가진 것도 배운 것도 없는 그저 평범한 청년이었다.

K 씨는 우여곡절 끝에 자동차 정비소가 딸린 제법 큰 주유소에 자동차 견습 정비공으로 취직을 했다. 아침 7시에 문을 여는 정비소에 K 씨는 매일 아침 한 시간 전인 6시에 출근을 했다. 그리고는 한 시간 동안, 화장실 청소부터 깨끗이 끝내고 기름으로 찌든 정비소 바닥을 반짝반짝 윤이 나도록 걸레질을 했다.

화장실이 너무나 더러워 꺼리던 고객들이 지나가다가 화장실을 이용하려고 일부러 들르기까지 했다. 이제껏 없었던 일이었다. 자연히 고객이 늘어나기 시작했고 비지니스는 고객들로부터 호평을 받아 유명 업소로 소문이 났다.

어느 날 주인인 로버트Robert 할아버지가 K 씨를 불렀다. Mr K! 당신이 오고부터 우리 가게는 단골 손님도 늘고 좋은 평판을 얻어 유명 업소가 되었소. 그러나 나는 이제 늙었고 돈도 많이 벌었으니 당신이 이 비지니스를 인수해서 운영해 주시오.

K 씨에게는 그만한 능력이 있을 수가 없었다. 능력이 안 된다며 정중히 사양했다. 그랬더니 로버트Robert 할아버지는 K 씨에게 "나는 이 나이 되도록 살아오면서 당신처럼 성실하고 믿음직한 청년을 본 일이 없네, 나는 당신을 100% 믿는다네! 돈은 천천히 벌어서 갚아도 좋으니 인수하겠다는 계약서에 서명만 해 주게…", 라고 했다. K 씨는 계약금 한 푼 지불하지 않고 인수 계약서에 서명하고 다음날부터 직접 운영하는 사장이 되었다.

훗날–, 그 청년 K 씨는 물론 로버트Robert 할아버지에게 약속한 매매 대금을 모두 잘 지급하였고 지금은 그만한 주유소를 6개나 운영하는 성공한 사업가가 되었다.

제니퍼 씨 이야기

제니퍼는 이제 겨우 열네 살, 중학교 2학년이다.

서른두 살에 홀로 되어 조그마한 '리커 스토어'를 운영하며 살아가는 홀어머니의 외동딸이다. 엄마는 언제나 가게에 매달려 제니퍼와 함께 보내는 시간이 거의 없다시피 살았다.

"엄마가 섬그늘에 굴 따러 가면 아기는 혼자 남아 집을 보다가…스르르 팔을 베고 잠이듭니다."였다.

그렇게 살아 가던 어느 날,

엄마가 새 차를 한 대 구입했는데… 이 새 차가 고장이 나서 몇 번을 고치러 도요다 정비 공장을 찾아 갔었지만 고쳐지지가 않자 하루는 속이 상해 울고 있었다고 한다.

울고 있는 엄마의 모습을 본 제니퍼는 캘리포니아 주 정부의 소비자 고발 센터에 전화를 걸어 엄마의 애로 사항을 설명하고 도움을 청

했다고 한다.

그로부터 며칠 후, 도요다 딜러에서는 매니저Manager가 집으로 찾아와, 진심으로 미안하다고 사과한 후 6개월이나 지난 차를 새 차로 바꿔 주겠다고 약속하고 돌아갔다고 한다.

제니퍼는 어떻게 그런 기특한 생각을 했을까?

이제 겨우 열네 살 어린 소녀 제니퍼 이야기가 남의 나라 낯선 땅에서 살아 가는 내게는 너무나 큰 감동으로 다가왔다.

아름다운 여인

어느 날 골프장에서 혼자 라운딩을 하고 있었다. 13번 홀에서 티샷을 장타를 날린 다음 투온을 시키고 버디를 한번 해보겠다고 힘껏 날린 티샷이 훅이 나서 그만 골프장 옆의 2층집 쪽으로 날아가 버렸다. 골프를 치면서 가끔 훅이 심하게 나거나 슬라이스가 나서 골프장에 붙은 주택가의 울타리를 넘어간 적은 몇 번 있었지만 공만 잃어버리면 그만이었는데, 이번엔 이야기가 달랐다. 큰 나무들에 가려서 공이 떨어지는 것은 보지 못했지만 공이 날아 가는 순간 뭔가 큰일이 날 것 같은 예감이 들었다. 이윽고 쿵– 하고 공이 떨어지는 소리가 들렸다.

기와가 몇 장 깨어졌거나 적어도 베란다 쪽의 대형 유리문 한 장은 깨어졌을 것 같다는 예감이 들었다. 순간 큰일 났구나… 라는 생각이들었다. 언제나 사람만 다치지 않았으면 그것만으로도 다행이라

할 수 있는데 지붕의 기왓장이 깨졌든지, 창문이라도 깨어졌으면 꼼짝 못하고 물어주어야 할 상황이었다.

순간 나는 그냥 모른척하고 이대로 도망쳐 버릴까? 하는 생각도 들었다. 하지만 나는 그래서는 안되고 집주인에게 정중히 사과하고 부서진 것이 무엇인지 변상해 주어야겠다고 생각했다. 공 떨어진 집 앞으로 갔다. 그랬더니 그 사이 지붕에 떨어졌던 공이 굴러 내려와서 집주인의 베란다에 또 쿵-하고 떨어졌다. 베란다 문이 스르륵 열리더니 마치 영화에서나 본듯한 아름다운 여인이 공을 집어서 내 손이 닿을 만한 베란다 데크Deck에다가 올려 놓으면서 "당신 공이 여기 있어요, 가지고 가시고 오늘 골프 즐겁게 치세요!" 하는 게 아닌가…. 그리고는 아무 일도 없었다는 듯이 내가 미처 고맙다는 인사도 할 겨를 없이 안으로 돌아서 들어가 버렸다.

적당히 긴 머리를 살랑살랑 흩날리며 뒤돌아 들어가는 여인의 뒷모습이 얼마나 아름다웠는지 나는 넋을 잃고 한참 동안 멍하니 서 있었다. 기왓장이 깨어졌을 테니 보수 비용을 청구할 당신의 성함과 주소를 달라고 해야 할 집주인이 어떻게 그토록 미소를 띤 얼굴로 상대방 민망하지 않게 상냥한 목소리로 "당신 공 여기 있어요, 즐겁게 치세요!" 할 수가 있단 말인가? 수리비를 물어 줄 각오를 단단히 하고 있던 나는 너무나 뜻밖의 호의를 받고 그 여인의 미모와 아름다운 마음씨에 넋이 나갔다. 나는 다음 홀부터 어떻게 그날 라운딩을 마쳤는지 모를 지경이었다.

나는 그녀가 누구인지 몇 살이나 되었는지, 결혼은 하신 분인지 싱글인지… 아무것도 알지 못한다. 그러나 그녀가 보여준 아름다운 미소와 교양있는 태도로 "당신 공 여기 있어요, 즐겁게 치세요!"라고 해주었던 한마디는 아직도 눈과 귀에 선하다. 잊을 수가 없다. 아니, 잊고 싶지가 않다. 오래도록 이 아름다운 여인의 모습을 기억하고 싶다. 세상에는 당신같은 고운 마음씨를 가진 여인이 있어 살만하다는 것을 전하고 싶다. 오늘은 예쁜 화분에 땡큐카드 하나 꼽아서 그녀가 내 골프 공을 올려놓았던 데크에 갖다두어 내 마음을 전하고 싶다.

해리 브리톤의 사랑 이야기

이 세상에 완전한 사랑은 없다. 임주리라는 가수가 불러 한때 크게 유행했던 노래 가사에 "사랑이란 길지가 않더라. 영원하지도 않더라"라는 대목이 있다. 원래 대중가요의 특징이 당시의 시대상을 잘 나타내어 사람들의 가슴에 공감을 불러일으키는데 노래방 같은 데 가면 나도 즐겨 불렀다. 그렇다. 사랑이란 길지도 않고 영원하지도 않다. 길고 영원한 사랑, 다시 말해서 완전한 사랑이란 오직 하나님의 사랑이 있을 뿐이다.

미국의 캘리포니아 북가주 프리몬트Fremont라는 곳에 살던 '해리 브리톤Harry Britton'이라는 분은 총각인 20대에 10년 이상 나이가 많고 자식이 딸린 이혼녀와 결혼했다. 단란한 가정을 꾸리고 행복하게 살고 있던 어느 날 그에게 불행이 찾아왔다. 아내가 건강을 잃고 고생을 하다가 세상을 떠난 것이다. 이제 겨우 30대가 된 해리 브리톤에게 아내의 죽음은 너무나 큰 슬픔이었다. 아내는 "당신은 죽는 날까지 다른 여자를 만나 결혼하지 말라."라는 유언을 남겼다. 해리 브리톤은 그렇게 하겠다고 약속했다.

해리 브리톤은 죽은 아내의 소원을 들어 주고, 마지막 남긴 말을 지키기 위해 그후 30여 년을 홀로 외롭게 살았다. 당신은 내가 죽고 난 다음에도 다른 여자와 결혼하지 말라는 아내의 간절한 소망을 가슴에 안고 하루도 잊지 않고 아내를 생각하며 살았다. 주말에는 교회에 나가 여러 가지 궂은 일도 돕고, 특히 어린이를 좋아하여 어린이 교실 선생님으로 교회 어린이들을 돌보며 지냈다.

그런 해리 브리톤은 수년 전 그가 그렇게 아끼고 사랑했던 프리몬트의 뉴라이프 교회에 집과 자동차 그리고 남은 재산 모두를 내놓고 조용히 하늘 나라로 떠났다. 얼마나 그리웠을까? 얼마나 보고 싶었을까? 지금은 하늘나라에서 그토록 사랑했던 아내를 만나 행복한 제2의 인생을 살아가고 있을 것이다.

베이 브리지와 톨 게이트

어떤 사람이 베이 브리지를 지나서 샌프란시스코로 출근을 하면서 5달러를 내는 톨비를 자기 것 외에 다음 사람 것까지 내고 갔다고 한다. 그랬더니 다음 사람은 자신의 톨비 5달러를 내고 감사하다면서 또 다음 사람의 것으로 해 달라고 하며 지나갔다. 이렇게 해서 다음 사람은 또 다음 사람, 그 다음 사람은 또 그 다음 사람…. 기쁘고 행복한 기부의 릴레이가 얼마나 오래 지속되었는지는 모르지만 결국 처음 한 사람의 5달러라는 돈이 다음 다음에 지나간 여러 사람들에게 기쁘고 즐거움을 주는 기발한 행위가 되었다고 한다.

그 이야기를 듣고 언젠가 나도 내가 좋아하는 샌 마테오 브리지를 지나가면서 내 톨비 5달러를 지불하고 5달러를 더 주면서 다음 사람 톨비라고 하고 지나갔다. 백 미러로 뒤를 돌아보니 부부인지 연인인지 확실히 분간이 가지 않는 백인의 대명사인 코케시안 젊은이

한 쌍이 고급차인 포르쉐 컨버터블Open Car 를 타고 있었다. 도요타 시에나Siena 승용 밴을 타고 가던, 자신들과는 전혀 상관 없고 알지도 못 하는 내가 그들의 톨비를 내 준 것을 이해할 수 없다는 듯 지나가면서 힐끗 한번 쳐다보고 그냥 지나가 버렸다. 그들은 내가 자신들의 톨비를 대신 내준 까닭을 전혀 눈치채지 못한 모양이었다.

센스가 없어서 그랬을까? 나를 참 이해할 수 없는 동양인 정도로 생각하고 지나갔을까? 어찌 되었거나 미국엔 자기 주장이 강하고 개성이 강한 사람들이 모여 살아가는 사회니까 우리같이 단일 민족이 단일 문화를 가지고 살아온 시각으로 보면 이상한 일들이 많이 벌어지는 곳이 사실 이곳이다.

단 한 사람도 기쁘게 해주지 못한 채 이상한 사람 취급만 받고 보니 기분이 묘했다. 모처럼 큰 마음 먹고 나도 누군가를 기쁘게 해주고 싶었던 시도가 불발로 끝이 나버린 것이었다. 내 다음의 그 사람이 내 뜻을 알아차리고 나와 같이 다음 사람 톨비를 내 주었다면 자기는 손해 본 것 없으면서 다음 사람을 기쁘게 해주어 그날의 데이트가 얼마나 즐거웠을까? 아쉬운 마음이 들었다.

사람이 사람을 기쁘게 해 준다는 것! 그것은 배워야 하는 기술이다. 우리가 세상을 살아 가면서 배워야 할 것이 많다. 일반적으로 지식은 많이 배워서 쌓지만 지혜는 배우는 사람이 적은 것 같다. 지식과 지혜는 다르다. 우선 지식은 많으나 지혜가 부족한 사람은 리더가 될 수 없다. 보스Boss와 리더Reader가 다른 것과 같다. 지식만 많은 사람은 보스는 될 수 있을지라도 리더는 될 수가 없다. 진정한 리더는 지혜가 있어야 하기 때문이다. 보스란 끌고 가는 사람이고, 리더는 따르게 하는 사람이다. 예수님이나 석가모니도 리더였다. 예수님과 석가모니는 당시의 왕들처럼 사람들이 무서워서 끌려간 것이 아니라 스스로 제자가 되어 따라간 것이었다.

주변에서 만나는 사람들을 보면 가진 것은 없지만 참으로 인간적이고, 사귀고 싶고, 가까이하고 싶은 사람이 있는가 하면, 많이 배우고 가진 것이 많은 사람 가운데 가까이 다가가고 싶지 않은 사람이 많다. 많이 배운 사람, 많이 가진 사람 가운데 이런 자기밖에 모르고 못 배운 사람 못 가진 사람을 무시하는 사람이 더 많은 것은 원래 인간이 이기적 동물이기 때문에 그런 것도 있지만, 그것보다는 가정이나 학교에서, 사회에서, 지식만 배웠지 지혜를 배우지 못했기 때문이다. 선생은 많으나 스승이 적기에 그렇다. 선생이란 지식을 팔아 밥을 먹고 사는 직업인일 뿐이고 스승은 지식에다 지혜를 얹어서 한 인간을 성숙하게 해주는 분이다. 훌륭한 스승을 만나는 것은 우리 삶에 매우 중요한 축복이다. 멘토라고 하는 것이 그것이다. 멘토가 바로 스승인 것이다.

하나님을 믿고, 신앙 생활을 열심히하는 사람들 가운데도 "저 사람 목사 맞아? 저 사람 장로 맞아? 저 사람 집사 맞아? …." 하는 소리를 듣는 경우가 있는데 그것도 모두 지혜가 부족하여 그런 것이다. 지혜로운 사람은 남과 다투지 않는다. 이웃으로부터 존경의 대상은 되지만 비난의 대상은 되지 않는다.

남을 기쁘게 해주는 것, 우리가 이 세상을 살아 가면서 꼭 해야 할 일, 중요한 일 가운데 하나다. 남을 기쁘게 해주면 내가 먼저 행복해지기 때문이다. 행복해지고 싶으면 가까운 사람을 기쁘게 해 주어야 한다. 그것이 아내이건 자녀이건, 이웃이건, 머나먼 아프리카의 이름 모를 어떤 소녀이건… 내가 줄 수 있는, 그사람을 기쁘게 해 줄 수 있는 무엇인가를 주어 보자. 내가 먼저 기쁘고 행복해질 것이다.

베이 브리지를 지나 가면서 다음 사람의 톨비를 내 주어 다음 사람의 출근 길을 기쁘고 즐겁게 해준 그 어느 분의 아이디어가 아름다워 나도 실천해 보기로 했던 이야기다. 첫 시도는 실패했지만 언젠가는 다음 사람이 반드시 내 마음을 알아 줄 날이 있을 것이라 믿는다. 확신을 가지고 다시 한번 시도해 보아야겠다는 생각을 해 본다. 그것 아니라도 이름 모를 누군가를 기쁘게 해줄 수 있는 일은 얼마든지 있을 것이다. 내가 먼저 누군가를 기쁘게 해주고 지혜롭게 살면 내가 먼저 행복해진다는 희망을 보았다.

4

뉴욕, 그리고 맘마미아

'5공 클럽' 친구들

선생님, 가진 것에 감사하며 살아요

세상에서 가장 아름다운 것

친구 약혼식의 추억

샌프란시스코의 봄

뉴욕, 그리고 뮤지컬 맘마미아

어디론가 훌쩍 떠나고 싶던 어느 날, 가장 가까운 사람과 함께 홀연히 뉴욕으로 떠났다. 미국에 30년 가까이 사는 동안 한 번도 가보지 못한 곳이라 대도시 거기서 거기겠지…. 하고 생각했지만 역시 뉴욕은 달랐다. 가장 눈에 띄는 것이 뉴욕을 상징하는 온통 노란 택시였고, 다음은 콩나물 시루처럼 빽빽이 들어서서 하늘로 치솟은 높은 빌딩들이었다.

4박5일의 짧은 여행이었지만 뉴욕의 이곳저곳을 둘러보면서 내가 살아온 서부와는 다른 동부의 새로운 모습에 흠뻑 취했다. 나는 보기에 적당하고 아름다운 숲으로 이루어진 산들이 그렇게 정겨울 수가 없었다.

캘리포니아에는 숲이 없다는 뜻이 아니라 캘리포니아에는 요세미티 같은 특정한 지역에나 가야 울창한 숲을 볼 수 있다. 일반적으로 캘리포니아의 북단 레딩 정도에서 남단 샌디에고에 이르기까지 남북을 이어주는 5번 프리웨이 선상을 보면 말 그대로 사막뿐이다. 겨울에 비가 오면 2월이나 3월경에 비를 맞은 산과 들이 겨우 푸른 빛을 잠깐 띠다가 이내 여름으로 들어서면 온 대지가 목마름으로 고통스러워 하면서 온 천지가 한국의 가을처럼 누렇게 변하고 만다.

이렇게 겨울에 잠깐 내린 비로 겨우 목을 축인 나무들이 기나긴 여름을 견디기 위해 목마름으로 고통 받으며 서 있는 나무들을 볼 때 얼마나 안타까웠는지 모른다. 그런데 동부를 여행해 보니 언제 얼마나 비가 오는지 모르지만 뉴욕에서 워싱턴 DC를 거쳐 캐나다의 나이아가라 폭포까지 가는 6시간 넘게 달리는 프리웨이 양옆에는 싱싱하고 건강하게 잘 자라고 있는 나무 숲이 끝없이 이어져 있어 바쁘게 살다가 잠깐 시간을 얻어 낯선 도시를 여행하는 초로의 이방인에게는 편안함과 즐거움을 동시에 안겨 주었다. 서부에서 보던 대형 트레일러들도 거의 없고, 승용차들만 평화롭게 지나가는 참 아름다운 길이었다. 마치 영화에서나 보았던 아름다운 숲 속에 길을 낸듯한 모습이었다.

원래 연극을 비롯해 공연 예술을 좋아하는 나는 뉴욕! 하면 브로드웨이의 뮤지컬을 빼놓을 수 없어 머릿속은 온통 어떻게 하면 시간을 잘 맞추어 돌아와서 〈맘마미아〉를 볼 수 있을까 하는 생각으로 가득차 있었다. 나이아가라 폭포를 구경하고 돌아오는 차 안에서 전화로 〈맘마미아〉표를 예약하니 평일인데도 이미 저렴한 좌석은 모두 매진이었고, 가장 비싼 좌석인 앞자리 중앙에 몇 자리가 남았을 뿐이었다. 덕분에 135달러라는 상당히 비싼 돈을 지불했지만 편안하고 좋은 자리에 앉아 그토록 보고 싶었던 뮤지컬 〈맘마미아〉를 보았다.

〈맘마미아Mamma mia〉란 말은 이태리어로서 우리말로 번역을 하자면 '어머나….' '어쩜 좋아….' '세상에 이럴수가….' '에구머니나….' '엄마야….' 등의 의미로 쓰이며, 영어로 번역을 하자면 '오마이 갓Oh my god!' 정도다. 〈맘마미아〉는 아바Abba라는 가수가 불러서 우리에게도 익숙한 노래다. 결혼식을 앞둔 주인공 〈도나〉의 딸 소피가 아버지를 찾기 위해 엄마의 연인들 세 남자를 초대하면서 벌어지는 해프닝을 그린 작품이다. 코미디 형식의 경쾌함에 세계 정상의 뮤지컬 배우들이 세련되면서도 절제된 몸놀림으로 표현하는 고품격의 연기와 노래는 나같은 공연예술 매니아를 감동시키기에 충분하였다.

나는 브로드웨이를 떠나면서 1970년대를 풍미하였던 위대한 인기 팝그룹 아바Abba를 다시 한 번 생각해 보았다. 우리 나이 정도라면 아바를 모르는 사람이 있을까마는 이번에 그의 대히트작 〈맘마미아〉 뮤지컬을 보고 나서 다시 한 번 당시에 유행했던 아바Abba의 노래들을 불러 보았다. 〈Dancing Queen〉, 〈The Winner Takes it All〉, 〈Money Money Money〉….

1999년 영국에서 처음으로 무대에 올라 지금까지 전 세계에서 약 5천 회 이상 공연 되었다니 맘마미아를 실연했던 배우들은 또 얼마나 많을지 짐작이 가고도 남는다. 아무튼 세계 정상급 배우들이 펼치는 브로드웨이 공연 〈맘마미아〉, 내게는 큰 감동이었고 기회가 있다면 다시 보고 싶은 공연이었다.

'5공 클럽' 친구들

요즈음 언론에선 연일 제 5공화국, 줄여서 5공 전두환 전 대통령의 비자금 환수 이야기로 떠들썩하다. 전재산이 28만 원인가밖에 없다고 하여 온 국민이 실소를 금할 수 없게 했던 전全 전 대통령이 공소시효가 얼마 남지 않은 시점에서 박근혜 대통령과 검찰의 단호한 의지 때문에 적당히 넘어가지 못하고 단단히 대가를 치르는 모양이다. 큰아들 전재국이 운영하는 시공사 창고에 보관해 오던 엄청난 미술품들이 끌려나오는 것을 온 국민이 지켜 보고 모두가 속이 시원해 하고 있다. 전 전 대통령 후임으로 노태우, 김영삼, 김대중, 노무현, 이명박 대통령들을 거쳐 지금의 박근혜 대통령까지 왔지만, 이전 다섯 분 대통령들이 손대지 못했던 것을 현 박근혜 여성 대통령이 칼을 뽑아 강력하게 마무리를 하려고 한다니 어떤 분은 카타르시스를 느낀다고 했다. 정말 그렇다. 한 국가의 대통령이 살해당한 비극적 현실을 악용해 정권을 손에 쥔 그가 재벌들을 협박해서 강탈한 돈이니 국가가 나서서 회수하고 국민 정서에 맞도록 사용 되어야 하는 게 역사의 순리가 아니겠는가? 그래서 사실 '5공'이란 말은 그 의미가 곱지는 않다.

여기서 '5공 클럽'의 '5공'은 전혀 다른 의미를 가지고 있다. 이역만리 타향 땅에 이민 와서 살면서 함께 신앙생활을 하는 교우들 가운데 1950년생들이 만나 함께 교제를 나누고 어려운 이웃을 도우며 선교에도 동참하자는 좋은 뜻을 가진 모임을 재미있게 한다고 지은 이름이 '5공 클럽'이다. 처음엔 S 집사님과 K 집사님 그리고 필자, 이렇게 셋이 모여 식사도하고 담소를 나누는 자리였는데 교인들끼리 모인 자리다 보니 자연히 대화의 주제는 하나님과 신앙 생활에 관한 것이었고, 이후 가끔씩은 함께 대자연 속에서 하는 운동을 하기도 했다.

나는 '5공'이라고 하는 말에 남다른 애정을 가지고 있다. 다른 사람들이 '5공'이란 말에 부정적 느낌을 갖는다 해도 괘념치 않는 것은 우선 한국에서 1950년 태어난 사람들은 하나님으로부터 특별한 축복을 받은 사람들이란 의미가 있기 때문이다. 사람은 태어날 때 어머니 뱃속에서 10개월을 기다렸다가 세상에 나온다. 나 같은 경우 4월생이면 적어도 1949년 6월이나 7월 정도에 임신이 되어 두 달 후면 전쟁이 난다는 것도 모른 채 어쩔 수 없이 1950년 4월에 태어난 것

이다. 태어난 지 100일도 못되어 6·25가 터진 것이다. 어찌 되었건 1950년 6월 25일은 '육이오, 한국동란'이라는 엄청난 전쟁의 소용돌이가 시작된 해다. 비극의 시작이었다. 피난을 떠나야 하는 어느 어머니는 올망졸망 어린 세 아이들을 어떻게 데리고 갈까 고민하다가 젖먹이 갓난아이는 등에 업고, 서너 살 난 둘째는 한 손에 붙잡고 예닐곱 살 난 큰아이는 그 멀고도 먼 피난 길에 데리고 갈 수가 없더라고 했다. 그래서 큰아이 몰래 떠나려고 했더니 눈치가 뻔했던 큰아이가 치마 꽁지를 붙잡고 "엄마 나도 데리고 가요!" 하고 매달리자 엄마가 치맛자락을 입으로 물어서 찢어버리고 떠나더라는 이야기를 어린 시절 어머니로부터 들었다. 얼마나 기가 막힌 이야기인가?

그런 가운데 태어나고 살아 남았으니 우리 1950년생 '5공'인들은 얼마나 장하고 위대한가? 내 생각에 1950년생은 전쟁 이전인 1949년에 이미 어머니의 뱃속에서 자라고 있었으니 전쟁이 났던 1950년 6월 이후에 태어날 예정인 사람들은 전쟁통에 어머니가 제대로 먹지 못하고 피난길이 하도 험해 햇빛도 보지 못하고 유산이 된 이들도 많을 것 같고, 태어나서도 살아 남지 못한 아이들이 너무나 많을 것으로 생각된다. 그뿐인가. 1950년에는 전쟁 중이라 사람들이 정상적으로 부부생활을 하지 못한 탓에 임신한 여성의 숫자가 많지 않아 1951년생도 그리 많지 않다고 한다. 그래서 1950년생은 나름대로 축복 받은 사람들이다. 전쟁통에서도 태어나고 살아 남았으니 말이다. 축복은 그뿐만이 아니다. 전쟁이 끝나고 그 아이들이 자라서 학교에 다닐 당시엔 중학교부터 입학 시험이란 것을 치르고 합격을 해야만 진학을 할 수가 있었는데 출생률이 평년생에 비해 대략 35%나 적었다고 한다. 학교 정원은 그대로인데 수험생 수가 그만큼 적었으니 입학 시험에서 경쟁률이 낮아서 유리하고 혜택을 본 것이다. 요즈음 자식들 대학에 보내기 위해 애쓰는 부모님들을 보면 그시절이 그리운 생각이 들기도 한다. 그게 1950년생이다.

어느새 세월이 흘러 그 1950년생이 이제 60을 넘긴 장년으로 접어들었다. 요즈음 자주 만나는 '5공 클럽' 네 친구 가운데, 직장생활을 했던 두 친구는 이미 정년 퇴직을해서 신실한 신앙생활로 이웃 사랑을 실천하며 존경 받는 교회의 어른으로 살아가고 있고, 다른 한 친구와 나는 자기 사업을 했기 때문에 아직도 현역에서 물러나지 않고 열심히 비지니스를 하고 있다. 100세 시대라니 지금부터라도 건강관리를 잘해서 앞으로 한 십 년은 더 일을 할 수 있도록 해야겠다는 생각도 해 본다.

나는 요즈음 직장 생활을 하다가 얼마 전에 리타이어Retire 하고 건전하고 모범적으로 살아가는 두 '5공' 친구를 보면서 존경과 박수를 보낸다. 한 친구 S 안수집사는 교회에서 안수집사로서의 직분을 너무나 성실히 감당하며 살고 있다. 몸에 밴 헌신과 봉사로 온갖 교회의 궂은 일을 도맡아서 하고, 어려움에 처한 교인이 있을 땐 목회자의 손이 미처 닿지 못하면 어떤 귀찮은 일도 마다하지 않고, 생색내지 않고 잘 도와 준다. 마치 오른손이 한 일을 왼손이 모르게 하라는 성경의 가르침을 실천하는 모습이다.

그리고 K라는 집사님은 이미 오래전부터 은퇴 후엔 선교사로 나갈 계획으로 신학교를 졸업하고 부부가 철야 기도를 드리면서 준비를 하고 있다. 담임 목사님을 도와 여러 가지 교회의 비중 있는 일을 맡아하고 있는 모습이 너무나 아름다워서 존경스럽다. '5공'은 아니지만 함께 골프를 치는 멤버 가운데는 사업을 해서 크게 성공한 너무나 겸손한 P 안수집사도 있다. 평소에 말수가 적고 조용한 성격이라 그림자처럼 어려운 이웃을 돕고 교회에도 없어서는 안 될 인물이다. 사람은 주머니가 든든하든지 작은 것이라도 권력을 쥐게 되면 교만해지기 쉬운데 이 P 집사님에게서는 티끌만 한 교만도 찾아 볼 수가 없다. 그래서 사람들은 P 집사님을 보면서 "P 집사님은 복 받을 일만 하는 분이다."라고 한다. P 집사님은 타고난 성품이 온유하고 착하다. 그것도 하나님께서 주신 특별한 은사가 아닌가 싶다. 그런 친구들….

'5공 친구들'을 가진 나는 행복한 사람이다.

선생님, 가진 것에 감사하며 살아요

선생님께선, 그 한 가지 복이 없는 것을 빼고 나면 많은 복을 가지신 분이란 걸 알게 되었습니다. 눈 크고 목소리 큰 사람 가운데 나쁜 사람 없다는 말이 있지요. 그것처럼 선생님은 이미지가 선이 굵고, 매사에 맺고 끊음이 분명하고, 언제나 말과 행동이 일치하는 바른 사람이기 때문에 신뢰지수가 매우 높은 분이랍니다. 그래서 누구나 한번 선생님과 인연을 맺으면 오래가는 것을 알 수가 있었습니다.

장사는 신용이란 말처럼, 선생님의 이미지는 언제 보아도 믿을 수 있는 분이란 순도 100%인 신뢰…. 바로 그것이 오늘의 선생님이 있게한 밑바탕인 셈입니다. 세월이 가도 변함없는 사람, 그게 바로 선생님입니다. 내 말이 틀렸나요?

그뿐이 아니라 선생님의 장점을 몇 가지만 열거하자면, 아직도 예쁘시지, 키도 크지, 그 나이에 배도 안 나왔지, 언제나 세련되게 옷도 잘 입으시지, 교양있게 말씀하시는 교양지수 높지, 삶에 대한 열정 있지, 책임감 강하지, 음식 잘하지, 자식들 잘 키워 대학교수까지 만들었지, 모든 운동 잘하고 즐길 줄 알지, 골프 잘 치지, 대인 관계 잘하지, 회사에선 존경 받는 선배 언니지, 좋은 이웃이란 소문이 자자한 분이지, 경제적 능력있어 혼자서도 잘 살지, 늘 웃는 얼굴이라 만나는 사람마다 기쁨과 희망을 주는 해피메이커지, 친구를 한번 사귀면 부모형제보다 더 아끼고 위하고 귀하게 챙겨주지…. 세상에 부러울 게 뭐가 있나요?

다른 사람들은 선생님께서 가지지 못한 그 한 가지는 가졌지만 선생님께서 가지신 그 많은 것을 못 가져서 선생님을 부러워하면서 불행해하는 사람들이 너무나 많답니다. 선생님께서는 그 한 가지 복만 빼면 모든 걸 다 가지신 분이 왜 그 한 가지 못 가지신 것에 그토록 연연해하시는지요? 공평하신 하나님께선 어느 누구에게도 모든 복을 다 주시지는 않는답니다.

어떤 사람이 길을 가다가 실수로 돈 다발을 떨어뜨렸는데 바람이 불어 사방으로 날아갔습니다. 사람들은 돈을 줍기 시작했습니다. 어떤 사람은 많이 줍고, 어떤 사람은 조금밖에 줍지 못했습니다. 조금 줍은 사람이 많이 줍지 못했다고 불행하다고 생각하지는 않습니다. 그것은 대가 없이 주어진 것이기 때문입니다. 그것처럼 하나님께서도 우리가 세상에 태어날 때 아무런 대가 없이 복을 주십니다. 그걸 우리는 은혜라고 부르지요. 조금 많이 가지고 태어나는 사람도 있고 조금 적게 가지고 태어나는 사람도 있습니다.

모든 사람들은 그 모자라는 1%, 자신이 가지지 못한 1%를 운명처럼 안고 살아가면서 어떤 사람들은 가진 99%에 감사하면서 행복하게 살고, 어떤 사람들은 가지지 못한 그 1%에 대한 섭섭함이나 아쉬움으로 불행해 합니다. 우리는 모두가 그 주시지 않은 1% 때문에 불행해져서는 안 됩니다. 그 1%의 가지지 못한 것에 대한 미련을 버리고 가진 것에 대하여 감사하며 행복하게 사는 지혜를 배워야 합니다. 어쩌면 하나님께서는 주시지 않은 그 1%가 우리를 행복하게 해주는 길임을 아시기 때문인지도 모르겠습니다.

선생님, 가슴을 활짝 여시고 숨 한 번 크게 쉬시고, 못 가진 것에 대한 미련을 버리시고, 가진 것에 감사하며 행복하게 사십시오. 세상에 모든 걸 다 가지고 살아가는 사람은 아무도 없습니다. 그래서 선생님은 행복한 여자랍니다.

그냥 오늘은 이 이야기를 해 드리고 싶은 날이었습니다.

세상에서 가장 아름다운 것

한평생 그림만 그리며 살아 온 어떤 화가가 죽기 전에 세상에서 가장 아름다운 모습은 어떤 모습인지 찾아서 화폭에 담아 보려고 길을 떠났다.

그는 그가 찾는 아름다움이 있을 만한 곳을 찾아 먼 길을 여행하면서 만나는 사람마다 붙잡고 당신은 세상에서 가장 아름다운 것이 무엇이라고 생각 하느냐고 물어 보았다. 어느 날 그는 훌륭하다고 소문 난 어떤 목사님 한 분을 만났다. 화가는 이렇게 훌륭하신 목사님께서는 그 대답을 알고 계시겠지…. 생각하고 물었다. 목사님께서는 이 세상에서 가장 아름다운 것이 무엇이라고 생각하십니까? 목사님이 대답했다. "그야 물론 믿음이지요." 다음엔 군인을 만났다. 다시 물어 보았다. 당신은 이 세상에서 가장 아름다운 것이 무엇이라고 생각하십니까? 군인이 대답했다. "그것은 평화지요." 다시 길을 가다가 이번엔 행복에 겨워하며 신혼여행을 떠나는 신혼 부부를 만났다. 너무나 아름다워 보여서 같은 질문을 해보았다. 두 사람은 세상에서 가장 아름다운 것이 무엇이라고 생각하십니까? 신혼 부부는 조금도 망설이지 않고 대답했다. "사랑이지요."

화가는 세 가지 대답이 모두 맞는 것 같다는 생각이 들어서 기쁜 마음으로 어떻게 하면 이 세 가지를 합쳐 놓은 세상에서 가장 아름다운 그림을 한 장의 화폭에 담을 수 있을까 고민하면서 여행을 멈추고 이젠 그림을 그려야겠다고 생각하고 집으로 돌아가기로 했다.

일생 동안 수없이 많은 그림을 그리며 살아온 그였지만, 돌아오면서 아무리 고민을해 봐도 세 가지를 하나로 모아서 한 장의 그림으로 그릴 수는 없다는 생각이 들었다. 포기하기로 했다. 늙은 몸은 먼 여행길에 많이 지쳐 있었다. 지친 몸으로 힘없이 대문을 열고 들어서는데 어린 손주가 달려 나오면서 "할아버지…." 하고 소리치며 달려와서 와락 안기는 것이었다. 그때 화가는 손주의 반짝이는 눈망울에서 '믿음'을 보았다. 아! 여기에 믿음이 있었구나…. 다음엔 아내가 오랫동안 집을 비우고 돌아다니다가 온 남편을 위해 정성껏 차린 따뜻한 밥상을 내오면서 너그러운 태도로 반갑게 맞이해 주었다. 아내에게서 '사랑'을 발견했다. 그리고 들에 나가 일을 마치고 돌아 온 아들 내외와 함께 모깃불을 피워 놓고 온 가족이 둘러 앉아 정다운 이야기 꽃을 피우니 이게 바로 '평화'가 아닌가?

화가는 바로 붓을 들어 그림을 그리기 시작했다. 그가 그토록 찾

아 헤맸던 세상에서 가장 아름다운 것이 바로 행복한 가정이었기 때문이다. 어느 지인이 보내준 글에서 옮겨 보았다.

그렇다. 세상에서 가장 아름다운 것! 그것은 바로 자신의 가정을 아름답게 가꾸는 일이다. 가정은 바로 내가 살아 가는 집이고, 고향을 떠난 사람들은 고향이 가정과 같은 것이다.

우리는 〈내 고향으로 날 보내 주〉 라고 하는 노래를 기억할 것이다. 제임스 알렌 브랜드James Allen Bland라는 사람이 쓴 곡으로, "내 고향으로 날 보내 주. 오곡 백과가 만발하게 피었고. 종달새 높이 떠 지저귀는 곳. 이 늙은 흑인의 고향이로다" 로 시작해서 "내 어릴 때 놀던 내 고향보다 더 좋은 곳 세상에 없도다" 하고 끝나는 이 노래는 고향을 떠난 어느 늙은 흑인이 고향을 그리워하며 지은 노래인데 많은 사람들을 감동시켜 세계적인 명곡이 되었다. 이 노래는 미국 민요이기 때문에 이 흑인 노인의 고향은 버지니아가 아닌가 싶다. 원래 조상은 아프리카 어느 나라에선가 노예로 끌려 왔을 거라고 짐작해 본다. 그들이 아니고서야 누가 그들의 가슴속 저 밑바닥에 흐르는 그들만의 가슴시리도록 아픈 그들의 정서를 알 수가 있겠는가…. 그래서 언제나 고향은 그리운 곳이고 아름다운 곳이다.

오래전 일이다. 대우 그룹에 다니던 어느 날 회사 동료들과 명동에서 점심 식사를 하고 사보이 호텔 커피숍에서 커피를 마시고 나오는데 갑자기 누군가가 내 입에다가 마이크를 들이 대면서 "선생님께서는 미인美人의 기준이 무엇이라고 생각하십니까?"하고 묻는 것이었다. 뒤에서 촬영하고 있는 카메라에 KBS 라고 큼직하게 씌어 있었다. 나는 지금 방송 인터뷰를 하고 있음을 알았다. 순간적으로 마음을 가다듬고 침착하게 말했다. "지와 덕을 겸비한 사람입니다." 그날 퇴근을 하고 집에 돌아왔더니 방송을 본 아내가 한마디 했다. "뭐요? 지와 덕 좋아하시네…. 남자들은 치마만 두르면 다 좋아하면서…." 이 일은 오랜 시간이 흐른 지금 생각해도 명답변이었다는 생각이 든다. 아무리 아름다운 꽃도 갓 피어서 아름답지 한 달을 넘기는 꽃은 별로 없고, 꺾어다가 꽃병에 꽂아두면 일주일을 넘기는 아름다운 꽃은 없다. 그렇고 보면 지智와 덕德을 겸비한 여성이라면 영원히 아름답지 않겠는가 말이다.

인간이란 끝내 누구나 맞이해야 하고, 피해 갈 수 없는 죽음 앞에 서면 아름답게 생을 마감하고 싶은 것이 인생이 아닐까 싶다. 그래서 그 화가가 그린 그림의 제목이 무엇인지는 모르지만 스윗 홈Sweet home이 이 세상에서 가장 아름다운 것일지도 모르겠다.

친구 약혼식의 추억

어떤 모임에서든지 사회자의 역할은 대단히 중요하다. 그날 모임이나 행사의 의미와 내용을 가치 있고 뜻깊게 해줄 수도, 심지어 망칠 수도 있기 때문이다. 나는 말 주변이 그렇게 뛰어난 사람도 아니고 남의 앞에 나서는 것을 그리 좋아하는 사람도 아니다.

어쩌다 보니 친구들이 결혼 연령에 다다랐을 때 여러 친구들의 약혼식 사회, 결혼식 사회를 보게 된 일이 있었다. 처음 약혼식 사회를 보았던 J라는 친구 경우는 조그마한 식당의 홀을 빌려서 양가 가족들이 오손도손 모여 크게 격식을 따지지 않고 조용히 치렀기 때문에 큰 부담감 없이 그런대로 무난히 잘했다는 평가를 받았다. 그후 다음 순서로 약혼이나 결혼 계획이 잡힌 친구들은 대개 나에게 사회를 부탁했다.

경북 영주에서 교편을 잡고 있는 친구가 불러서 청량리역에서 친구들이 모였다. 기차를 타고 가기로 했다. 몇 시간을 달려서 영주까지 갔는지는 기억이 나지 않지만 밤새 달리는 기차 안에서 우리는 통기타를 치면서 은희의 〈꽃반지 끼고〉에서 양희은의 〈아침 이슬〉과 〈엘 콘도 파사〉, 〈예스터 데이〉, 〈렛잇 비 미〉 등 당시 유행했던 노래들을 신나게 불렀다. 좋았다. 그 시절엔 아무런 걱정도 없었고, 내일 뜨는 태양은 마치 나만을 위해 뜨는 것일 거라는 환상에 사로잡힐 만큼 하루하루가 기쁘고 즐거웠던 시절이었다. 대학을 졸업하고 군대도 갔다 왔고, 남들이 부러워하는 대기업, 당시 한창 잘나가던 대우그룹에 들어갔으니 그럴만도 하지 않았겠는가. 월급은 타 대기업에 비해 1.5배쯤 되었고 보너스는 1년에 600%였으니…. 한 달 건너서 보너스를 받으면 정말 밤 10시가 넘도록 태극기 휘날리며가 아니라 넥타이 휘날리며 일을 해도 불만인 사람이 별로 없었다.

어느 날 미국으로 유학을 가서 박사 과정을 하던 가장 친한 친구가 결혼을 하기 위해 귀국을 했다. 사회를 보기로 하고 결혼 식장엘 갔었다. 부친이 K대 약대 학장을 지내셨고, 신부는 E여대 약대를 나온 아끼는 약사 제자 중에 한 사람이라고 했다. 사회를 보려고 마이크를 잡고 순서지를 읽어 보니 영어로 인쇄된 부분이 여러 곳 있었다. 그 가운데 'Santa Monica'라는 말이 있었다. 친구는 내게 설명을 해 주면서 "싸나모니카"라고 했다. "나는 이봐 친구!" 혀 굴리지 말고 그냥 싼타모니카라라고 해…". 하면서 친구를 야유(?)한 기억이 지금도 생생하다. 영어를 유난히 못했던 나의 영어에 대한 열등감이 그렇게 표출된 것이었다. 지금은 성남 어딘가에 있다는, 경원 대학교 교수로 있는 친구 김지홍 박사 결혼식 때 이야기다. LA 에서 20수년을 산 지금이야 낯익고 친숙한 곳이 되었지만 그때는 왜 그렇게 이질감이 느껴졌었는지 알 수가 없다.

그뿐 아니다. 함께 대우 그룹에 입사, 대우 자동차에서 지난해 전무로 정년 퇴직한 한능구라는 친구의 약혼식 사회를 보게 되었을 때다. 이 친구는 부친이 고향 충청도 도고온천 근처 어디에 있는 학교의 교장 선생님이었다. 작은아버지가 당시 문교부 차관이었던 것으로 보아 대단한 교육자 집안이었다. 약혼식 장소가 명동에 있는 로얄호텔 방큇룸이었는데 막상 식장에 도착해 보니 이제껏 내가 경험해 보았던 그런 분위기를 훨씬 뛰어넘는 그 무엇이 있었다. 내가 사회를 본다는 것이 무리인듯 싶었다. 상당히 큰 방에 양가 가족들이 마치 궁전에 모인 대신들처럼 점잖게 앉아 있었다. 그 숫자만으로도 대단하다는 느낌이 들었다. 겁을 먹고 잔뜩 주눅이 든 상태에서 시작하려는데 신랑측의 누군가가 다가와서 귓속말로 우리 약혼식장에서는 가볍게 농담조로 던지는 멘트는 삼가해 주시고, 식이 끝난 다음 어색하고 긴장된 분위기를 누그러뜨리기 위해 하는 여흥도 품위 있게 진행해 달라는 것이었다. 등줄기에서 식은땀이 흘렀다. 속으로 나쁜 놈, 그럴 거라면 KBS 나 MBC 에 가서 전문 사회자를 부를 일이지…. 결국 잘하지는 못했지만 넘어는 갔다. 그 친구 부부는 사이가 너무 좋은 부부로 아직까지 잘 살고 있고, 지난해에 부부가 함께 미국 여행을 왔다가 우리 집에도 들러서 술 한잔하고 갔다.

압권은 그 후에 있었다. 김종국이란 친구가 장충동에 있는 타워 호텔에서 약혼식을 한다고 사회를 부탁했다. 한능구의 로얄 호텔 약혼식에서 한번 뜨거운 맛을 보았기 때문에 이젠 겁 안 난다고 생각하고 당당하게 약혼식장으로 들어갔다. 이번엔 신부가 친구의 대학교 입학 후배인데 군대 갔다 오느라 졸업 동기가된 사이였다. 신부의 부친은 모 은행 지점장을 지내고 퇴직한 분으로 인품이 좋아 보였다. 그동안 사회를 본 경험을 살려 처음엔 분위기를 잘 이끌고 사회자의 역활을 충분히 했다. 식이 끝나고 잠깐 긴장을 풀고 친밀감을 갖게 하기 위한 여흥 순서가 있었다. 양가 가족의 노래와 장기 자랑으로 한껏 분위기를 띄우는데 갑자기 누군가가 일어서더니 이젠 사회자 노래 한 곡 듣자는 게 아닌가? 나는 심한 충격을 받았다. 정말 노래를 못하는 음치 중에 상음치였기 때문이다.

대우그룹에 다니는 동안 중간 간부생활을 오래했기 때문에 술집에 다닐 기회가 많았다. 그렇게 술집Room Salon엘 다녀도, 아무리 술이 취해도 남의 앞에서 노래를 부르는 일은 거의 없었다. 그저 남이 부르는 노래를 즐기고 열심히 박수나 치면서 듣는 것을 좋아했을 뿐이다. 그런 나에게 빠져나갈 틈도 주지 않고 갑자기 노래를 부르라니…. 하는 수가 없었다. 아는 노래라고는 애국가와 대학교 다닐 때 부르던 응원가밖에 없었다. 그런데 한참 술집에 자주 드나들던 때라 한 곡이 떠올랐는데 그것은 술집에서 많이 들어서 기억이 난 지금은 제목도 잊어버린 노래…. "소리 없이 흘러 내리는 눈물 같은 이슬비. 그 누가 울어울어 …." 어쩌고 하다가 마지막엔 "검은 눈을 적시나…." 하고 끝나는 노래다. 세상에 어쩌자고 새 인생을 시작하는 꿈에 부푼 두 젊은이의 약혼식장에서 그것도 양가 부모님과 친지들을 모아 놓은 자리에서 눈물이니…. 울어울어니…. 검은 눈을 적시나…. 하는 노래를 부르다니…. 나의 교양지수가 적나라하게 드러나는 순간이었다. 나는 그 사건으로 해서 친구 종국이의 결혼식장에 갈 수가 없었다. 친구는 그렇다치고, 신부 쪽 가족들을 볼 면목이 없었기 때문이다.

그 친구 김종국, 그는 'ASSB'이라는 스웨덴의 세계적 특수철강회사 한국 지사장이 되어 잘살고 있다. 다행이다. 평생 잊지 못할 사고를 친 나는 이제라도 미안하다는 말을 전하고 싶다. 가끔 교회에서 성가대에 서지 않겠냐고 묻는 이가 있다. 위의 이야기로 인한 트라우마가 성가대에 서지 못하는 이유다.

샌프란시스코의 봄

지난해 집앞 잔디밭에 심은 감나무에서 연한 새잎이 돋아나고 있다. 예년에 비해 비가 좀 많이 오는가 싶더니, 어느새 봄이 다 지나가고 있다.

샌프란시스코는 캘리포니아 북쪽 서해안 태평양이 베푼 천혜의 항구 도시다. 20수년 전 LA로 이민을 와서 정신없이 바쁘게 살다가 샌프란시스코로 또다른 이민을 왔다. 인생의 절반은 한국에서, 절반은 미국이란 낯선 땅에서 마이너리티라는 꼬리표를 단 이민자로 살았다.

미국에 첫발을 디딘 LA는 말 그대로 제2의 고향이 되었다. 한국과 달라 겨울이 춥지 않고, 온화한 날씨 때문에 사계절의 변화가 뚜렷하지 않아 내가 좋아하는 봄은 너무나 짧다. 나는 봄이 되면 여행하기를 좋아한다. 여행이라야 거창하게 비행기를 타고 외국을 간다든지 미국 내에서도 다른 주州로 며칠씩 떠나는 그런 여행이 아니다. 자동차로 당일이나 하룻밤 묵고 오는, 아니면 청정해역 캘리포니아의 연안바다 태평양으로 나가 친구들과 스쿠버 다이빙을 하든지 시원한 호수에 나가 수상스키나 윈드서핑을 한다. 가끔은 주말에 산악회 회원들과 함께 등산을 하기도 하고, 마리나딜레이 피어에서 낚싯배를 타고 인근 산타모니카 해안에서 바다 낚시를 즐기기도 했다.

처음 미국에 왔을 땐 사는 일이 힘겨워서 밤하늘 한번 제대로 올려다볼 여유가 없었다. 미국 생활이 조금씩 익숙해질 무렵에는 달을 보고 한국에서 보던 그 달이 미국에서 봐도 그대로구나…. 그런 생각을하니 왠지 모르게 그동안 쌓였던 고향祖國에 대한 그리움이 밀려와 가슴 한편이 아려 오기도 했다. 샌프란시스코로 이주해 와서의 삶도 크게 달라진 것은 없었다. 혼자 운전을 하거나 마음이 가벼울 땐 어린 시절 즐겨 부르던 노래를 불렀다. If you're going to San Francisco. Be sure to wear some Flowers in your hair. 스캇 맥킨지Scott Mckenzie의 "샌프란시스코에서는 머리에 꽃을 꽂으세요."

한강에도 다리가 많지만 샌프란시스코에도 다리가 여럿 있다. 샌프란시스코는 항구 도시이기 때문에 바다가 육지 속으로 파고들어 와서 마치 서울의 강남과 강북을 다리가 이어 주듯 그 유명한 금문교, 베이 브리지, 샌마테오 브리지 등이 이어 주고 있다. 나는 금문교를 좋아하지 않는다. 왜 금문교가 그렇게 유명해지고 사람들의 관심을 끄는지 나는 알지 못한다. 하지만 샌프란시스코의 다리들 가운데 나는 유니온 시티와 샌마테오 시티를 이어주는 샌마테오 브리지를 가장 좋아한다. 우선 다리의 길이가 장난이 아니다. 어떻게 이 넓은 바다에 이렇게 긴 다리를 놓을 수가 있었을까? 다리를 건널 때 바다 위를 날아가는 듯한 기분은 나를 들뜨게 하고 흥분시킨다.

나는 아직 다른 나라를 많이 여행해 본 경험이 없어 얼마나 더 길고 아름다운 다리들이 존재하는지 모르지만 샌마테오 브리지는 우선 길이가 약 7,8마일 정도 된다. 한국의 킬로로 계산하면 10킬로는 되는 것 같다. 샌프란시스코 공항에서 약간 남쪽에 위치해 있어 다리 위를 지나가면서 조금만 눈을 들면 전세계에서 들어 오고 나가는 비행기의 이착륙을 볼 수 있다. 비행기가 뜨고 내리는 광경을 보고 있으면 괜스레 마음이 설레고 나도 저 비행기를 타고 한국에 한 번 다녀 오고 싶은 충동이 이는데, 나만 그런 것일까?

샌프란시스코 근처에는 좋은 곳이 많다. 그리 멀지 않은 곳에 요세미티 국립공원이 있고, 맘모스 스키장이 근처에 있으며 백두산 천지처럼 산꼭대기에 레익타호라는 엄청나게 큰 호수도 있다. 일일이 열거할 수 없을 만큼 갈만한 곳이 많다. 어쩌다가 마음이 울적할 땐 기분전환을 위해 카지노에 한 번 가보는 것도 나쁘지는 않을 것 같다. 인근의 새로 지은 깨끗한 카지노에는 부페가 값에 비해 푸짐하고 좋다. 단 카지노에 갈 때는 돈을 따겠다는 마음은 버리고 가야 한다. 두세 시간 이내에 갈 수 있는 카지노가 여러 곳이나 있으니 드라이브하면서 마음껏 즐기고 맛있는 음식 먹고, 겜블은 재미 삼아 잃어도 화가 나지 않을 만큼만 하는 것이다.

가끔 바다가 그리울 때는 태평양을 끼고 멀리 시애틀에서 샌디에고까지 이어진 1번 하이웨이로 나간다. 이민 오기 전 언젠가 포항에서 묵호까지 해안선 도로를 따라 여행한 추억이 있는데 우리나라 동해안의 겨울 바다와 비슷하다고 할 수 있지만 나이가 든 지금 미국이란 낯선 나라에서 힘겹게 살아 가는 한 초로初老의 이민자가 바라보는 바다는 그 감회가 다를 수밖에 없다. 이곳은 한국과 달라 여름엔 비가 오지 않는다. 봄을 제외하곤 사막기후라 산과 들에 온갖 나무나 풀들이 노랗게 말라버린 탓에 온 천지가 한국의 가을 풍경처럼 온통 노랗다. 그러다가 가을이 지나고 겨울이 오면 그때서야 비가 오기 시작한다. 그게 주로 12월쯤에서 4월 정도다. 그게 봄이고 봄이 되면 비를 맞은 나무와 풀들이 파란 새싹을 틔운다.

나는 지금도 비지니스와 관련해서 L.A에 자주 간다. 샌프란시스코와 LA를 이어주는 5번 프리웨이는 중간중간 끝없는 과일 농장과 소를 키우는 목장이 눈에 띄고 가끔은 양떼나 말을 키우는 모습도 눈에 들어온다. 강한 놈이 살아 남는 게 아니라 살아 남는 놈이 강한 놈이다. 라는 말처럼 빈손으로 이민 와서 살아 남기 위해 얼마나 몸부림을 쳐야 했던가. 샌프란시스코에서 로스앤젤레스까지 약 350마일이면 서울에서 부산을 갔다가 추풍령까지 돌아올 수 있는 거리다. 나는 이 길을 수도 없이 다녔다. 비가 내려 온 산과 들이 초록으로 뒤덮였던 게 엊그제 같은데 어느새 여름이 오고 푸르던 산과 들은 한국의 가을 풍경처럼 황금빛으로 변했다가 겨울이 오면 또 비가 내리고 봄이 되면 산과 들은 다시 푸른빛으로 변한다. 그러기를 수십 번, 그사이 이마엔 주름살이 늘어나고 머리는 하얗게 변해 갔다. 내 인생에도 봄이 있었던가? 나는 봄을 좋아하지만 내 인생의 봄은 영원히 떠나갔다. 다시는 돌아오지 않을 나의 봄을 나는 그리워한다.

인터넷에서 어느 95세 되신 분의 글을 읽었다. '후회'라는 말을 아느냐고 하는 글이었다. 그는 젊었을 때 열심히 살았고, 실력을 인정받고 존경을 받았다고 했다. 그 덕에 65세에 당당히 은퇴를 했다고 한다. 그런 그가 95세 생일이 되었을 땐 얼마나 후회의 눈물을 흘렸는지 모른다고 했다. 그는 65세 때 은퇴하면서 자기 인생은 거기서 끝이라고 생각했다고 한다. 그래서 덧없고 소망 없는 삶을 30년이나 살아서 95세가 되었다는 것이다. 은퇴 후 30년이란 세월은 지나간 젊은 날의 1/3이란 기나긴 시간이더라는 것이다. 은퇴할 때 30년이란 세월을 더 살 수 있을 것이란 생각을 했다면 절대로 그렇게 살지는 않았을 것이라고 했다. 그는 95세가 된 지금에야 그걸 깨닫고 앞으로 남은 인생이 얼마되지 않겠지만 그동안 하고 싶었던 어학 공부를 시작한다는 것이었다. 이유는 다시 10년 후 105세 생일이 되었을 때 95세 때 왜 아무것도 시작하지 않았나…. 하는 후회를 하지 않기 위해서라고 했다. 내 나이가 이제 한국 나이로 66세다.

계절의 봄은 수없이 오고가지만 인생의 봄은 오직 단 한 번뿐인 것. 지금 이 글을 쓰고 있는 나의 2층 서재 너머 공원에는 푸른 소나무가 보이고 파아란 잔디 위에 아이들이 떠들며 놀고 있다. 주말을 즐기는 코케시안 여인이 머리에 리본을 단 예쁜 강아지를 데리고 산책을 하고 있다. 조금 더 참을 걸, 조금 더 베풀 걸, 조금 더 즐길 걸…. 후회하면서, 나는 지금 이국땅 샌프란시스코의 봄을 보며 나의 잃어버린 봄을 찾아 긴 여행을 떠나려 하고 있다.